Motivos orientales

Vasili Rózanov

Motivos orientales

Traducción de **Jorge Ferrer**

Título del original en ruso:
Из восточных мотивов

Edición: Javier L. Mora
© Logotipo de la editorial: Umberto Peña
Imagen de cubierta: papiros en una pintura egipcia

De la traducción: © Jorge Ferrer Díaz, 2023
Sobre la presente edición: © Casa Vacía, 2023

www.editorialcasavacia.com

casavacia16@gmail.com

Richmond, Virginia

Impreso en USA

ISBN: 978-1-961722-07-1

En 1916, Vasili Rózanov es un hombre al que le quedan tres años de vida. Ya la furia de la Gran Guerra embarra de odio y sangre a Europa; ya asoma el hocico la Revolución rusa de febrero de 1917, cuyo fogonazo será el preludio de la tragedia que pronto se cernirá sobre Rusia y el mundo. Rózanov, el gran polemista, el furibundo panfletista, la estrella más rutilante, pero también la más oscura, de los últimos años rusos, siente que debe arriar las velas y se retira a una casa en Serguíev Posad, a setenta y cinco kilómetros al norte de Moscú. Allá le llevarán a duras penas una parte de su biblioteca. En la propiedad que alquilará pasará frío; la estrechez económica le impedirá tomar criados a su servicio. Los Rózanov se verán obligados a cargar el agua y la leña de las que se sirven.

Son esos los días de un calendario herido a bocados impresionistas por la historia en los que, odiado por casi todos, puesto en duda hasta por los más próximos, Rózanov decide levantar un monumento a Egipto, al Egipto precisamente monumental y funerario. Es esta una decisión que parece parte del repliegue: el hombre al que Vladímir Lenin, el líder de la autocracia por venir, llamó «un psicópata sexual», se apartaría del fragor de la historia y la política rusas y europeas para volverse hacia el remoto Oriente.

En realidad, se trata de una estrategia y de la administración de un fármaco: aterido en medio de un tiempo ensordecedor, Rózanov decide volver al centro de lo que lo ha ocupado durante toda la vida que el tiempo ahora le va a acortar. Retroceder hasta el origen de la civilización humana, al preludio y los albores de las religiones monoteístas, al sexo, la maternidad; volver al misterio, a envolverse en él más que a desentrañarlo, para conjurar la patria positivista en la que había degenerado el desorden europeo.

Vasili Rózanov es el más distinto de los escritores rusos de principios del siglo XX. «Un raro», se diría. También un gran reaccionario, un grafómano, un hombre a caballo entre dos mundos y corriendo al galope hacia el que quería inventarse. Nikolái Berdiaev, uno de los filósofos rusos más notables de su generación y uno de los dos, junto a Liev Shestov, que se ganó en las décadas que vendrían la lotería del reconocimiento en Occidente del que Rózanov careció, replicó en diciembre de 1907 a un discurso del autor de *Motivos orientales* con palabras que resumen a la perfección la relación de amor y odio encontrados que caracterizó la relación del *establishment* religioso, filosófico y cultural ruso hacia Rózanov, salvo cuando, que era casi siempre, se dejaba dominar por el odio. Dijo el autor de *Una nueva Edad Media*: «Rózanov es el primer estilista de la literatura rusa, un escritor con genuinos destellos de genialidad. Hay algo único, late una vida misteriosa en sus palabras, una magia... No utiliza voces laterales, muertas, librescas. Cada una de las palabras que escribe está biológicamente viva, bulle en ellas la sangre... Todo ello hace de Rózanov un fenómeno completamente extraordinario, inédito, que no puede ser abordado con los criterios al uso». Pero, tras cubrirlo de ditirambos, Berdiaev lo dejará caer enseguida: «La genial fisiología de la escritura de Rózanov admira por su carencia de ideas, su falta de principios, su indiferencia a la hora de distinguir entre el Bien y el Mal, su distancia de la verdad y su falta total de moralidad... [Pero sus lectores] perciben que hay vida en sus libros y le perdonan su monstruoso cinismo, sus bajezas de escritor, sus mentiras y traiciones».

En *Motivos orientales* está todo Rózanov, como todo él está en cada uno de sus libros armados con la carpintería más delirante de la delirante Rusia: *Hojarasca*, *En el mundo de lo oscuro y lo irresuelto* o *Solitaria*. El eco de la muerte, no obstante, el inminente susto de la muerte confrontado con la alegre visitación del origen de la civilización en la cuenca del Nilo es, en este breve volumen, de una belleza tan conmovedora como alucinante.

Motivos orientales es uno de los últimos libros de Rózanov. En ese estruendo final, tan solo se lo podría equiparar con *El apocalipsis de nuestro tiempo*, la obra de un cadáver que observa el calendario pisoteado por los hombres. Ese hombre miró antes al origen, al lirio agitado por la brisa, dejó dicho que no se rendía, porque había un destino que escribirle al mundo. Un destino que, ¡vaya mala pasada!, era a la vez pretérito y sentencia.

La edición rusa que he tomado como base para esta traducción es la de Aleksandr Nikoliukin, una colección de obras de Vasili Rózanov en veinte volúmenes que se publicó entre 1995 y 2000. Nikoliukin, quien en tiempos soviéticos se dedicó fundamentalmente al estudio de la literatura romántica norteamericana, acometió en el período poscomunista la publicación de ediciones críticas de algunos de los principales autores del Siglo de Plata, significativamente de Rózanov, Dmitri Merezhkovski y Zinaída Gippius.

En la nota editorial con la que acompaña sus anotaciones al texto, Nikoliukin recoge una frase que denota el desespero de Rózanov por ver publicada finalmente esta obra, cuyo itinerario en la imprenta estaba siendo tortuoso y, con la llegada de la Revolución de febrero de 1917, quedó interrumpido. Rózanov, que publicaba el libro por fascículos que recibían los suscriptores, una práctica habitual en la época, solo había publicado dos entregas antes del estallido revolucionario. Ambas salieron de las prensas de la tipografía Sirius, que su nervioso cliente elogia como «provista de equipos magníficos». Es a ella a la que se refiere en la p. 149, cuando escribe: «corro a la tipografía con las galeras en la mano». En diversas cartas y anotaciones, estas últimas destinadas a la publicación de sus obras completas, Rózanov da otros títulos a ese libro futuro, que comprendería doce fascículos. *Egipto* a secas y *Mi Egipto* son dos de esos títulos alternativos. De entre todos, no obstante, prefería el de *Egipto renaciendo*. En una de esas notas que uno quiere llamar prepóstumas escribió: «"Motivos orientales" resulta [un título] flojo. Huele a opereta. Habría que buscar algo más serio: *Egipto renaciendo*. Imaginarlo como cuando en las selvas o las pampas cae a chorros la lluvia "en el equinoccio de primavera" (sobre todo si son lluvias tropicales). "Antes de esas lluvias", la tierra quemada por el sol se agrieta, se pone dura como un trozo de madera. Pero al ser rociada se advierte de repente cómo se levanta una pequeña joroba de arcilla, se quiebra la tierra dura…, y emerge una jibia, o un aligátor, o una boa. Bichos que se habían echado a dormir bajo tierra, "a dormir el verano", y ahora reviven de golpe. Eso es lo que sucede ahora con Egipto. Hoy Europa es una tierra agrietada, es arcilla seca sobre el lomo de un monstruo inmenso, un plesiosaurio. Y esa tierra va desprendiéndose del lomo de la bestia, porque Egipto se está levantando. Primero fue "la visión de Rózanov acerca de Egipto" y ahora ya viene Egipto en pleno, "el propio Egipto" comparece».

Erich Gollerbach, cuya *Vida y obra de Vasili Rózanov* (Petrogrado, 1922; YMCA Press, París, 1976) es la primera biografía del autor de *Solitaria*, anota que Rózanov continuaba trabajando en la conclusión de este libro en 1918: «…Los ritos y símbolos del Antiguo Egipto lo colmaban de ternura y de entusiasmo. Manifestaba su enfado con Maspero y Champollion, quienes, sostenía, no habían sido capaces de comprender nada de Egipto. Su particular egiptología rebosaba originalidad, la originalidad que le era tan propia. Mantenía una especie de lirismo fálico, un contacto sensible y palpitante con los tesoros de la Antigüedad».

La guerra y la revolución, el horror diario y el que adivinaba y glosó en *El apocalipsis de nuestro tiempo*, lo obligaban a mirar al pasado del mundo. Porque en su belleza y su misterio, parecía pensar Vasili Rózanov, ese egipcio pasado del mundo, era la cifra de un porvenir.

Una última nota. He trabajado muchos años para ver publicada esta traducción. Unos veinte años, concretamente. Ha sido una historia tortuosa. Pero los libros, ya se sabe, se toman su tiempo para encontrar al lector. La editorial Casa Vacía reúne hoy por fin este testamento de Vasili Rózanov con sus lectores en lengua española. Solo cabe imaginar el estremecimiento del maestro ruso en este momento de la historia del mundo.

JORGE FERRER

El 20 de abril de 1916 cumplí 60 años. Durante un tercio de siglo, desde 1881 aproximadamente, he trabajado bastante con la pluma. Ahora he decidido convertir este «cumpleaños» en «año jubilar» y celebrarlo junto a mis queridos y amables lectores, compartiendo con ellos aquello que más amo...

Y a nada amo más que a los egipcios. No me propongo aquí rechazar ni condenar: en un día y un año jubilares se impone la paz. Mas, lo cierto es que ni los griegos ni los romanos me han atraído nunca y los hebreos lo han hecho solo muy de pasada y, según advertí mucho después, esa atracción se debía a la impronta que Egipto había dejado en ellos. Egipto está en la raíz de todas las cosas. Dio a la humanidad la primera genuina Religión del Padre, la religión del Padre y la Madre del Universo y aportó a la humanidad la oración, descubrió a todos los hombres el misterio de la «oración», el misterio del salmo...

También les enseñó a cobrar conciencia de la Providencia y el Destino. Y que el hombre puede caer en el «pecado», una caída que será «castigada»... Fue en Egipto donde se elaboraron las nociones primeras y primordiales de la religión, aquellas que constituyen su fundamento y las columnas sobre las que se yergue. ¡Oh, ahí estamos ante algo mucho más alto, recio y eterno que las pirámides! Nada puede compararse con esa «eternidad», ni siquiera unas pirámides que solemos llamar «eternas».

Necesito esas nociones, las necesito tanto como todos los hombres. Y así será por los tiempos de los tiempos.

En realidad, no fueron ni los hebreos ni los griegos quienes instituyeron los principios de la civilización. Abraham, el primero entre los hebreos, llegó a Egipto cuando ya resplandecían allí todas las luces. Abraham aún balbuceaba, cuando ya Egipto hablaba con voz de hombre adulto.

Todos los pueblos son niños cuando se los pone delante de los egipcios; por tanto, toda la historia es hija de Egipto. Pero los hijos ingratos han olvidado al Padre. Y es precisamente sobre ese Padre, que he querido hablar con mis queridos lectores en este, mi sexagésimo cumpleaños.

V. R.

El instante más grande de la historia

El imperio romano, compilación de artículos traducidos por A. S. Miliukova, San Petersburgo, 1900. Julian Kulakovski, *La muerte y la inmortalidad entre los antiguos griegos*, Kiev, 1899. Gustave Flaubert. *Salammbô*. Una novela. F. W. Farrar, *Salomón, su vida y su tiempo*, San Petersburgo, 1900. *El templo del Antiguo Testamento en Jerusalén*, ensayo del profesor Olesnitsky publicado por la Sociedad Ortodoxa de Palestina.

Tengo delante una serie de libros. Algunos recién leídos; otros hace ya largo tiempo que constituyen mi más dilecto entretenimiento. La compilación de la Sra. Miliukova (667 pp.) está constituida, en su menor parte, por investigaciones originales rusas y, en su mayor parte, por traducciones de trabajos recientes debidos a autores de Europa occidental (de los que se incluyen apenas fragmentos), así como trabajos antiguos. Así, pues, nos encontramos con que junto al artículo del profesor Guérié «Augusto y la instauración del imperio romano» se puede leer la traducción de una inscripción aparecida en el monumento de Ancira: «Res gestae divi Augusti», una autobiografía de Augusto descubierta y traducida por Mommsen. El retórico texto de Farrar no se atreve a apartarse del tono habitual impuesto a la exposición de temas bíblicos: consigue abrir las alas, pero no alcanza a emprender el vuelo; quiere escapar, pero permanece anclado al suelo. La famosa novela de Flaubert sí que ofrece algo, mas no pasa de ser un emplaste oleográfico de sangre y vulgaridad inhumana. El maravilloso texto del profesor de la Academia Eclesiástica de Kiev, Olesnitsky, los supera a todos a tal punto que hace imposible toda comparación gracias a la recreación que hace del Tabernáculo del Antiguo Testamento y el Templo de Salomón, reproduciéndolos hasta en sus detalles más nimios. Con todo, ¿qué son todos esos trabajos si se los compara con la envergadura del tema que tratan? Un asunto de veras inagotable. El momento más grande de la historia: he ahí el verdadero nombre de aquellos dos o tres siglos en los que se produjo la fractura que condujo al mundo pre-cristiano a la era cristiana. Los historiadores ensayan sus investigaciones sobre esa fractura; los escritores le dedican novelas. Hasta los articulistas extraen colores de esa anciana palestra. Sin embargo, ¿conocemos en realidad ese período de la historia? Sí, gracias a los monumentos que nos ha dejado. ¿Lo comprendemos? Difícilmente.

¿Acaso mucha gente conoce que el 25 de diciembre, «Fiesta de la Natividad de Cristo», día en que corremos alegremente a las iglesias cristianas a encender cirios ante las sombrías imágenes, fue adoptado y declarado festivo por la nueva religión como *un compromiso con el culto de Mitra* y pertenece de hecho a un ciclo litúrgico de esa divinidad estelar de origen meda? V. V. Bólotov, el talentoso y recientemente fallecido profesor de la Academia Eclesiástica de San Petersburgo, tiene un estudio titulado «Día y año del martirio de San Marcos Evangelista». En ese texto, y como de pasada, entra en importantes detalles relativos a la disposición del calendario de fiestas, y he aquí que, otra vez como de pasada, refiere una serie de hechos incontrovertibles sobre la relación entre el cristianismo primitivo y el culto a Mitra. Así, narra la polémica entre los «partidarios» y los «opositores» de uno y otro culto y cómo la discusión se inclinaba constantemente en una u otra dirección, aunque no precisamente a favor del cristianismo. Cuando se le arrancó finalmente la victoria al paganismo, los líderes cristianos adoptaron y *se apropiaron de la principal fiesta mitraica de la salida del Sol que celebraban los paganos en Roma el 25 de diciembre* y declararon esa jornada como el «Día de la Natividad de Cristo» para enmascarar y esconder así lo sucedido. Os confieso que cuando leí eso, me sacudió un temblor. Fue como si tuviera ante mí un trozo de carne despidiendo sangre y humo, un trozo de carne recién arrancado en el fragor de aquella pelea de antaño. «¡Así de candentes fueron las cosas!»... Y ¿quién no sabe hoy en día que Constantino el Grande, habiéndole ya dado el triunfo al cristianismo mediante su proclamación como religión de estado y después de haber visto el signo milagroso de la Cruz dibujado en el cielo, recibió el bautismo apenas unos días antes de morir, como si quisiera decirles a todos los fieles de la nueva religión: «¡El cristianismo ha triunfado en el imperio, pero no ha triunfado en mi corazón!». Mientras que las legiones, la población y los funcionarios imperiales se habían convertido al cristianismo y cuando el Concilio de Nicea ya había dibujado los perfiles fundamentales de la Iglesia, ¿qué impedía al alma solitaria del emperador dar ese paso, tan necesario, por cierto, si se atiende a las razones de la política? «Antonio Pío levanta un templo consagrado a Mitra en Ostia, en la desembocadura del Tíber; en tiempos de Marco Aurelio se erige una estatua de Mitra en la colina del Vaticano, en Roma, en el mismo emplazamiento donde hoy se alza la Basílica de San Pedro», escribe Jean Réville en su libro *La religión romana en tiempos de los Severos*. Pero ¡¡¡¿qué representa exactamente Mitra?!!! Pues resulta que nadie lo sabe en verdad y con propiedad. Nadie conoce la esencia de la cuestión. Cuando uno lee estudios sobre el tema se topa con toda una serie de supersticiones que apenas consiguen atraer nuestra atención. Lo único que alcanza a despertar nuestro interés es la historia del progresivo afianzamiento del culto. Es sabido que se lo conoce gracias a los *piratas* derrotados por Pompeyo, pero los ecos de esas «supersticiones» han sido tan mezquinos y denigratorios durante tanto tiempo —durante unos doscientos años, aproximadamente—, que nos resulta difícil aclararnos con los escuálidos datos que han llegado hasta nosotros. Aunque, *algo hemos sabido* después. ¿Qué exactamente? Es difícil precisarlo. Marco Aurelio, por ejemplo, dista de ser un bandido cualquiera y a él lo hemos leído. Hace unos años, Tolstói nos lo recomendaba como un gran moralista y resulta que Marco Aurelio erigía altares a Mitra. Evidentemente, hay cosas que él sabía y desconocemos nosotros. Desconocemos todos los asuntos cruciales en torno al culto a Mitra y al culto pagano en general y, desconociéndolo, nada entendemos de la sangre, las venas y los nervios del momento más grande de la historia. ¿Qué *sucedió*? ¿En qué consistió *aquello*? ¿Por qué tuvo lugar aquella lucha que, evidentemente, transcurrió también *en los corazones*?

Reparemos en cómo nos imaginamos la época y la fractura que en ella se produjo. Pues, resulta que nos decimos: «El mundo se hundía en el vicio; los césares se entregaban a la bebida y las mujeres a la lujuria. No había más que Mesalinas por todas partes. Nerón. El impotente Tácito. El cáustico Juvenal. De pronto apareció el apóstol Pablo predicande la fe en Cristo. La luz derrotó a las tinieblas». Semiradski, lo mismo que Sinkiewicz, han encontrado en esa explicación el sustrato adecuado a sus talentos. Mas ¿fueron *así* las cosas? ¿Así de *sencillas*? ¿Acaso no hubo angustia? ¿No hubo perplejidad? Y de haberlas, ¿cómo se manifestaron?

¿Acaso no habrá hoy algo pagano en mí y en ustedes, mis lectores, aunque esa presencia nos pase inadvertida? He ahí el meollo de la cuestión. He ahí la llave del enigma. Pongámoslo más claro aún: ¿no será que a veces pronunciamos la palabra «dios», o «Dios», con tales matices y en tales situaciones de nuestra vida personal o del mundo que nos rodea en las que no hay decididamente ninguna razón para invocar los preceptos específicos ni los nombres propios que llevó el apóstol Pablo a Roma? Pues sí. Sí que los hay:

Cuando vibra el ambarino prado
Y el bosque joven despierta al rumor de la brisa

...
Se aplaca el ansia de mi alma
Y veo a Dios en el cielo.

¡Qué extraños versos! Si, después de revisarlos, el censor hubiera propuesto al poeta modificar el último verso a cambio del *imprimatur*, adecuándolo así a la prédica del apóstol Pablo, es decir, escribiendo algo como «y en el cielo veo a Jesucristo», Lérmontov habría montado en cólera, hubiera vuelto a casa con su poema y tras meditar un buen rato sobre la propuesta, habría decidido que era preferible que permanecieran inéditos antes que someterlos a una corrección totalmente ajena al *estado de su alma* y al *objeto de su poesía*. He ahí una representación exacta de ese conflicto perenne. En aquella época aún no se había creado la teología, ni existía un sistema religioso. Solo disponían del Evangelio. Luego, la esencia del conflicto radicaba en que *dondequiera* que el mundo pagano sentía la necesidad espiritual de invocar *el nombre de Dios sin definiciones exactas*, los cristianos comenzaron a exigir que se invocara *un nombre concreto y determinado*, el que se nombra por doquier en el Evangelio. Nos hemos acostumbrado a ello durante este millar de años transcurridos. Pero lo cierto es que entonces estos mil años no habían pasado. Todavía recuerdo fragmentos de una canción que me impresionó cuando era niño. En ella se describía a un prisionero injustamente encarcelado y había una escena que protagonizaban la noche y el centinela que velaba tras la ventana enrejada:

Y en la bayoneta del centinela
Ardía la luna de medianoche.

Por supuesto que los versos son mediocres, porque ¿cómo va a «arder» la luna, ella tan pálida y tímida? Pero he aquí los dos versos en los que el autor y el intérprete intentaban consolar al prisionero:

Pero existe en el mundo la Providencia
Y en la santa Rusia hay un padre.

O sea, que hay un «rey» en la tierra y en «el mundo existe una Providencia», que no permitirán que prevalezca la injusticia. Ahora bien, si en los versos finales hubiéramos sustituido la palabra «Providencia», o le hubiéramos propuesto hacerlo al poeta, por la frase «porque vivió, murió y resucitó Jesús, hijo de María, casada con José», el malentendido habría aflorado de nuevo. Entonces nadie habría aceptado cambiarlo o se habría visto que era imposible hacerlo, devolviéndonos así al meollo mismo de ese añoso conflicto. ¿Creían los antiguos en la Providencia? ¡Por supuesto que creían en ella! ¿Creían en la inmortalidad del alma? Pues claro que creían en la inmortalidad del alma. De hecho, le profesaban una fe fortísima, como nos revelan los misterios de Eleusis y los diálogos de Platón. ¿Conocían los antiguos al Creador del Universo? De él nos hablan constantemente Platón y Aristóteles. La fe en Dios era tan fuerte, que, por ejemplo, es precisamente con una invocación a Dios que Demóstenes comienza su discurso *De corona* y Platón concluye muchos de sus diálogos con oraciones. Así el *Fedro*, por ejemplo.

¿Podemos imaginarnos a Spencer cerrando con una oración a Dios su *Social Statics* o *The Principles of Ethics*? Solo preguntarlo ya mueve a risa, porque si algo así sucediera, le acusarían de beatería. En aquel entonces, los antiguos no se mofaban de Platón o Demóstenes y, por consiguiente, podemos afirmar que en las postrimerías del paganismo la tensión de la fe, tanto entre los sabios como entre la masa social, era más brillante, más grave, y hasta pudiéramos decir, más trágica que la de ahora, cuando no parece que estemos aún ante el fin del cristianismo. Así que la fórmula «El mundo se acababa, los césares se entregaban a la bebida, las mujeres se prostituían, mientras... etc.» carece de todo fundamento. Simplemente nos queda admitir que ignoramos *qué rayos era lo que sucedía entonces*.

Los nombres propios de los dioses de la antigüedad, como los de todo el Olimpo y el Capitolio, carecen de un sentido fijo. Ello se ve por la facilidad con que Mitra reemplaza a Júpiter y la manera en que los ptolomeos, griegos de origen, es decir, adoradores de Zeus y Hera, al llegar a Egipto, se afanaron en la restauración de los templos de Osiris e Isis. Podemos concluir que todo el teísmo de la humanidad se divide en dos corrientes: un teísmo cristiano y un teísmo no cristiano. El segundo fue idéntico en todas partes y se basaba en la fe en la Providencia, en el Creador del Universo, en la vida de ultratumba y el juicio ulterior que enfrentarían tanto justos como villanos. Todo eso, qué duda cabe, también está contenido en *nuestra fe*, aunque surgiera *antes que ella*. La lucha entre el teísmo cristiano y el teísmo no cristiano se manifiesta en la larga perplejidad que experimentó el mundo antiguo, en la duradera duda que le producía la incerteza acerca de si de veras el Juicio Final, la inmortalidad del alma y la omnipresencia de Dios cabían —si es que cabían—, en el apretado relato llegado de Galilea, un relato que ellos no conocían *desde la óptica teológica común entre nosotros y que ya ha hecho suyas todas esas antiquísimas y amplísimas creencias*, sino a partir de la narración de una vida de apenas treinta y tres años que culminó en la crucifixión y la resurrección. Un relato, además, protagonizado por una sola persona en un país determinado.

—¿Y qué hay del mundo? —se preguntaban—. ¿Acaso no tiene un Creador? ¿Será que, pobres de nosotros, nos hemos quedado sin la Providencia?

Los cristianos no han encontrado respuesta para esas preguntas. No las encontraron entonces; no las encuentran ahora. Han sido los largos siglos de reflexión dentro del cristianismo quienes ofrecieron respuestas, pero lo hicieron *más tarde*, lo hicieron *después*. Y esa parece ser la causa de la obstinación con que el mundo antiguo se opuso a la historia llegada de Galilea.

Consideremos, ahora, nuestra propia situación. Es de sobra conocida la manera de reclutar a los novatos entre los cosacos del Zaporozhie. Conducen al candidato ante el atamán y este le pregunta:

—¿Crees en Jesucristo?

—Creo.

—¿Crees también en la Santísima Virgen María?

—Creo.

Habiéndose asegurado de que el recién venido no es un infiel, sino un cristiano, el atamán dispone que lo enrolen en la tropa. El novato se ha convertido en «cosaco», o sea, de alguna manera, en «caballero de la Cruz y la fe cristiana». Así mismo, todos nosotros respondemos a la pregunta «¿Qué eres?» con un «Soy cristiano» y añadimos:

—Nos llamamos cristianos, *porque creemos en Jesucristo, nuestro Dios.*

—*¿Vuestro Dios?*

—*El hijo de Dios.*

Pero, sin embargo, la diferencia es colosal, porque la expresión «Jesús, el hijo de María, casada con José» no abarca toda la dimensión del *teísmo* y, en consecuencia, no la agota, sino que apenas constituye su momento segundo e interpuesto. Y quién sabe si en los dos tercios dejados fuera no se aloje el sentimiento indefinido de Dios que tenían Demóstenes y Platón y sus ideas claras, aunque todavía desconocidas. Más aún: ¿no estarán ahí contenidos, para decirlo a la manera de los historiadores, «los helenos y los hebreos»? Súbitamente, en el primer, segundo y tercer siglo de nuestra era, el cristo-teísmo le fue ofrecido a un mundo civilizado y antiguo, pero aún imbuido de una fe ardiente. Y este lo rechazó. Transcurridos diecinueve siglos, nosotros ahora sí sabemos que el cristo-teísmo no abarca más que un tercio del total del teísmo, pero al mundo antiguo la nueva fe le fue ofrecida como si fuera todo el teísmo. ¡Claro que entonces tenía derecho a rechazarlo! He ahí lo que no han podido aclarar los historiadores, ni nadie: ¿qué hay en esos dos tercios ocultos de teísmo?

Reflexionamos muy poco sobre la profundísima filosofía oculta en nuestro credo, tal como fue formulado por los padres del Concilio de Nicea. Es denso, sí, pero se nos ha hecho tan habitual que lo repetimos como esos diáconos que salmodian las palabras de la liturgia, olvidados de lo que realmente significan. Grande es la fuerza del hábito, como lo es el olvido y la renuncia a la memoria que este produce. «Creemos en Dios Padre, Creador Todopoderoso del Cielo y de la Tierra, de las cosas visibles y las invisibles». ¿Qué es lo que se queda fuera de ese enunciado? ¿Qué habría dicho el mundo antiguo, si esa fórmula enunciada por la Iglesia en el siglo IV, le hubiera sido propuesta por los discípulos de los apóstoles en el siglo I o II a Marco Aurelio, a Antonio Pío o a Alejandro Severo? «¡Pero eso es lo mismo en lo que hemos creído nosotros *siempre*! Ese es el Padre celestial al que cantamos en nuestros himnos, como lo hacéis vosotros: "La Luz nace de la Luz; el Dios verdadero nace del verdadero Dios"». Todavía tenemos pendiente comprender muchas cosas que nos legaron los antiguos. «Un mundo visible e invisible, fenomenal y trascendental cuyo centro es el origen de todas las cosas: Dios»: he ahí el alfa de la fe antigua que entró a formar parte del primer artículo de nuestra fe, sin sufrir cambio alguno. Se puede afirmar que la esencia de la lucha entre el mundo ajeno al cristianismo y el propio cristianismo radicaba en que el segundo artículo del credo se alejaba del primero, hasta que el Concilio de Nicea consiguió cerrar un acuerdo entre ambos, dando por fin con el «Eureka» universal. Sin embargo, todavía nosotros, a despecho de la sabiduría divina de los Padres de la Iglesia en el siglo IV, caemos, sin percatarnos de ello, en ese evangelismo mutilado y amputado que es el cristo-teísmo. Y ello, sin conservar ninguna atadura concreta a Dios Padre, sin buscar fuera o dentro de nosotros aquello que se refiere a Él «en forma difusa», según la enunciación del credo. Abdicamos, otra vez, de la plenitud de nuestra fe.

—Usted ¿qué es?

—Cristiano, es decir, reconozco a Jesucristo como mi Dios.

Eso es verdad, mas es una verdad incompleta si atendemos el credo aprobado por el Concilio de Nicea, pues aplica tan solo el segundo artículo del mismo. Hasta qué punto es general el olvido lo vemos en Goethe y Voltaire, quienes se negaron decididamente a comprender la "Trinitariedad de un Dios Único", mofándose claramente de ella, como se reiría uno de alguna imposibilidad aritmética. Entre nosotros hay muchos que también ríen a mandíbula batiente, porque no alcanzan a comprender. Sin embargo, no solo se trata de que sea fácil comprenderlo, sino que *es lo único que se puede comprender de verdad*: que junto al Maestro fundador de la ley moral más elevada que se ha conocido jamás hay un ojo que precede a los tiempos, que vela por el Mundo, que es Luz de luces, Providencia y Juez, y cuya existencia fue adivinada y, finalmente, definida con precisión entre el Éufrates y el Tíber, desde el Nilo a las Preopíleas, desde el viejo Abraham hasta Constantino el Grande, aunque se lo llame de forma diferente aquí o allá.

Veamos cuán fácil es percatarse de esa realidad. ¿Qué ortodoxo, al entrar a una iglesia católica o protestante, estaría dispuesto a recibir los Santos Óleos y comulgar? ¡Ninguno! ¿Cuál se persignaría a la manera de sus anfitriones? ¡Ninguno! ¿Y qué harían ellos en nuestras iglesias? Tampoco nos imitarían. Y sin embargo compartimos una misma fe en Jesucristo, en Dios Padre y reconocemos íntegramente el relato de los sucesos de Galilea que trajeron los apóstoles a Occidente. Decididamente, tenemos una misma fe, somos «cristianos» todos. El lector no conoce y se asombrará mucho si le digo que al Templo de Salomón en Jerusalén —sí, en el mismo templo donde predicó nuestro Salvador, y al que entraban los profetas—, acudían también los helenos, y no a título de meros espectadores, sino *a realizar sacrificios y servicios religiosos de orden menor*. «A los gentiles se les permitía participar en el culto jerosolimitano, se les aceptaban holocaustos votivos, los llamados *nedavot* y *nedarim*, ofrendas de cereales y de libaciones». Tan solo les estaban prohibidos los sacrificios reservados exclusivamente a los hebreos, como los ofrecidos a modo de expiación de los pecados, o con motivo de plagas purulentas, o los que hacían las mujeres recién paridas (véanse las historias que cuenta el Talmud). Los estudiosos narran estos hechos con indolencia, como soñolientos, sin que el horror les haga caer de sus sillas, cuando hay buenas razones para ese desplome intempestivo. Si traducimos esos hechos a nuestra vida religiosa actual, nos encontramos con que existía una cercanía entre paganismo y judaísmo, que no se ha dado aún entre católicos y ortodoxos, o luteranos y católicos. Es como si entre nosotros fuera costumbre decir: «Un católico no puede recibir la comunión, pero sí que le está permitido tomar las especies eucarísticas y encender cirios» o «No se puede llamar a un pastor para que celebre nuestra liturgia, mas se le puede autorizar a cantar el oficio de difuntos y también un Te Deum». ¡Repárese en cuánto se opone a todo ello la suma de nuestros complejos psicológicos y el lastre de la segregación —sentida o efectiva— que existe entre el protestantismo y la fe ortodoxa! De tal manera, estamos, en términos religiosos, más lejos de un luterano que lo que lo estaba un ateniense de cualquier miembro de la tribu de Benjamín. Así que la «fe de Benjamín» es un poco la fe *nuestra* (el Antiguo Testamento), cosa que no le ocultamos a nuestros hijos, los alumnos que aprenden en los liceos. ¡Al mismo tiempo, se les oculta a estos últimos, aunque también a la gente instruida, que precisamente por medio de esos «sacrificios griegos en los templos hebreos» hay también algo *nuestro* en el credo de la fe de los helenos! ¡¿Cómo no caerse de la silla si uno tiene siquiera un poco de inteligencia viva y de imaginación?! Por otra parte, *el cuarto año* lunar se ha llamado entre los hebreos desde la antigüedad «Tammuz» y así continúa llamándose. Se trata, por cierto, del nombre de la divinidad más querida en varias ciudades siro-fenicias. Y el profeta Ezequiel se lamenta en una ocasión: «¡Oh, las mujeres hebreas! Estáis sentadas *en el templo* cosiendo *las ropas para Tammuz*». Esa fusión de las corrientes teístas sería totalmente imposible si su esencia, cuyo testimonio ha llegado hasta nosotros en forma de mensajes lapidarios, fragmentos de inscripciones herméticas, no fuera semejante a las cuatro cavidades de nuestro corazón, que se contraen alternativamente, pero por las que corre una misma sangre, aunque de diferente color y en momentos diversos. Hemos mostrado cómo todavía hoy respiramos a veces efluvios paganos y escribimos versos que bien podrían encontrar acomodo en una colección de himnos orientales antiguos sin incurrir en contradicciones. «Luz nacida de la Luz, Dios verdadero nacido del Dios verdadero, generado, no creado...». Ese momento del *nacimiento*, de la *generación en la Divinidad*, es, una vez más, el alfa del teísmo en Heliópolis y Babilonia.

Me gusta la iglesia de la calle Litéinaia, cerca del Tribunal del distrito, con su cúpula azul oscuro cubierta de estrellas doradas. *Nada* se dice en el Evangelio sobre un *cielo estrellado*. No aparece referencia alguna a ello en la parte *evangélica* de nuestro teísmo. Entretanto, leo en el profeta Amós (5, 8) unas palabras que nombran con gran exactitud una constelación: «¿Quién creó las Pléyades y Orión y cambia en Aurora las Tinieblas de la Muerte? El Señor es su nombre», y un paso más adelante encuentro una alusión evidente, aunque bastante extraña, al Tabernáculo de Moisés, con extraordinarias implicaciones: «¿Habéisme ofrecido sacrificios y presentes en el desierto en cuarenta años, casa de Israel? Mas llevabais el tabernáculo de vuestro Moloch y la *estrella* de vuestro dios Remphat, que os hicisteis» (Amós 5, 25-26). «En aquel día, el Señor hará desaparecer todos los adornos: los adornos de los pies, las *estrellitas* y *lunetas*», amenaza Isaías (3, 18) a las mujeres hebreas. Extraño. Lo sagrado, o lo que fue antiguamente sagrado, suele estar relacionado con la vestimenta de un pueblo, especialmente en el caso de uno tan dado a lo ritual, también en lo que a vestidos se refiere, como el hebreo bíblico. Por otra parte, la alusión a la «estrella», cuya imagen parece llevaban los hebreos en el desierto, no deja ninguna duda sobre el temblor sagrado que los sacudía al contemplar las estrellas, «las Pléyades y Orión». Ese temblor ante las estrellas es una parte consustancial de las religiones de Tebas y Babilonia. No sé por qué, pero me estremezco cuando miro a las estrellas, a esos «ojos sabios», unos ojos «que me miran desde lo alto del cielo», y me asalta el deseo de leer en ellas mi destino, mi suerte, el cuidado de la Providencia. Creo, sí, de la mano del poeta, que:

> *Es calma la noche. El desierto está a la escucha de Dios,*
> Y una estrella habla a otra estrella.

Es decir, creo en la vida de los cielos, creo en que están vivos, que distan de ser gélidos. Como creo que constituyen la esencia del ropaje plagado de ojos de la divinidad, los «ojos por delante y por detrás y por dentro y por fuera de la divinidad», como los describía Ezequiel en términos asaz misteriosos. Pero esas estrellas, las mismas que adornan la cúpula de la iglesia, las he visto y copiado de los atlas que describen las diferentes expediciones a Egipto. En el Evangelio no se habla nada de las constelaciones: en Egipto las estrellas están por todas partes. Y aparecen también en nuestras queridas iglesias, pero ya despojadas de la memoria que nos revelaría la respuesta al «¿de dónde salieron?», al «¿cómo llegaron aquí?»... Sostengo que la antigüedad no ha muerto, pero al haber sido despojada de los nombres arcaicos y su esencia eterna fue engullida por la esencia de nuestro teísmo... Ni los helenos ni los judíos han muerto. Ni pueden morir jamás.

«Me inclino ante el *santo milagro del mundo*». ¿Alguien me detendrá si me expreso en esos términos? Ante él se postraban las turbas y lo veneraban en la Acrópolis y el Capitolio, en Tebas y Babilonia. Derramaban lágrimas sobre «el santo milagro del mundo», y sobre él meditaba Constantino preso de la hesitación. En él pensaba Marco Aurelio. También nosotros compartimos hoy ese mismo sentimiento. «Milagro del mundo», porque es inaccesible para la razón. Y más íntima y profundamente aún: la *santidad del mundo*, porque, ¿acaso hay lugar en el mundo donde no esté presente Dios? Me inclino ante la memoria de su santidad, pero también me quiero prosternar ante su imagen, aunque ella no la contenga propiamente, aunque apenas guarde el recuerdo que me ata a una copia perfecta de esa misma santidad. De la misma manera, ¿quién me podrá detener si me inclino ante una estrella y la venero como al icono de la Eterna Sabiduría, expresión de la mano divina? Si esa *impronta* es una «imagen», entonces «imagen» es también la estrella, y lo son «las Pléyades y Orión». ¡Así de lejos se puede llegar y así de simple es todo cuando somos capaces de relacionar nociones dispersas! Filaret respondió a una duda de Pushkin con un verso que pudo haber sido escrito por un egipcio, en la medida en que expresa una verdad universal y eterna. Solo que fue precisamente en Egipto donde esa verdad fue sentida, enunciada y formulada por primera vez. Pushkin languidecía. Con su tristeza de *dandy* petersburgués se preguntaba:

> *Vano don, don fortuito,*
> *Vida, ¿para qué me has sido dada?*
> *...*
> *¿Quién, con su poder hostil,*
> *De la nada me ha llamado?*

Filaret le respondió, desde el alma, desde lo más profundo de su alma. Lo hizo sin pensárselo, le respondió de súbito:

> *No es hecho vano, ni fortuito,*
> *Que la vida nos haya dado Dios...*

¡Qué laconismo en esa respuesta! ¡Con cuánta alegría la escuchamos todos! Mas, al salir del embeleso, nos preguntamos: ¿de dónde proviene este don? La vida, ¡ay!, nos es dada como le es dada a todas la criaturas, como se le da a la planta en la flor, al gigantesco baobab o a la brizna de hierba que apenas se levanta de la tierra. ¿Podemos afirmar que «Dios» está presente en *todos* esos momentos de donación de la vida y que toda esa vida «proviene de Dios»? Recordamos las flores de loto en los templos egipcios. ¿Debemos creer en las flores de loto como creemos en Dios? Filaret

Fig. 1. Figura que adorna la base de una columna del templo de Esna (Latopolis). Tomada del primer volumen, cuadro 80, de la *Description de l'Égypte ou recueil des observations et des recherches qui ont été fait en Égypte pendant l'éxpedition de l'armée francaise, rublié par les ordres de S. M. L'Empereur Napoleon le Grand*, Paris, MDCCCXII.

Los egipcios consideraron siempre la naturaleza en forma sintética y no analítica. Percibían sus corrientes esenciales, positivas. Pudiera creerse que «reducían a la unidad la pluralidad de la naturaleza», pero lo cierto es que *no mortificaban* a la naturaleza, haciendo «abstracción de la química y no previendo siquiera la posibilidad de su existencia». No hay una sola imagen egipcia en la que no esté presente esa atracción por la síntesis, o la *síntesis* misma y el secreto *gozo que ella produce*.

Aquí tenemos *un ave* levantando al cielo *sus brazos de apariencia humana*, a un tiempo entusiástica y piadosamente, en un gesto que para nosotros es habitual (aunque en Egipto era algo *nuevo* y *primordial*): nosotros «juntamos las manos» o las «elevamos en oración» (la estrella delante del ave es testimonio de que se trata de una «oración»). El ave dirige la vista hacia una figura humana, sentada sobre un loto y rodeada de lotos *en flor* o *a punto de florecer* (en botones). Trátese o no del «nacimiento» del hombre desde la flor, se está muy cerca de ello, pues era esa una visión, cuya sombra aparece por doquier en la sabiduría egipcia. Sin embargo, la presencia de los *botones* nos lleva a concluir que la avecilla «ha elevado así los brazos», porque está asistiendo al *momento del nacimiento del hombre.*

creía. Claro que no son «Dios», pero son un «*habitáculo de Dios*» y de la misma manera en que la *estrella* es su *imagen*, también lo es la *flor*: es *otro milagro operado por la mano divina*. Ese contacto de la mano divina no es igual en todas partes, el «sello» de Dios no es uniforme para todas las criaturas: hay puntos *elegidos*, y los hay *particulares*. ¡Cuán *particular* es *el ojo* en nuestro rostro por sobre todo *el resto*! ¡Es como si *en el rostro* hubiera otro *rostro particular*, uno nuevo y más profundo, uno que escruta desde adentro! ¡Cuánta «alma» hay en el ojo! ¡Cuánto *Dios* hay en la flor! En el tallo hay menos; bien poco en la corteza; en una piedra, nada. No le dirijo oraciones a una piedra, ni a una corteza, pero a una piedra... Sí que podría componerle alguna cancioncilla mística y religiosa, como mismo lo haría para la estrella... y para las «Pléyades y Orión». Hay mucha *presencia de Dios* en la *estrella* y en la *flor*. Lo decían los antiguos: «Venís a predicarnos una moral superior, pero además de ella existe lo trascendental, el mundo-enigma, el mundo-milagro: ¿qué posición adoptáis respecto a ellos?». Tres siglos se prolongó esa controversia. «Él dijo: Debéis amar a vuestros enemigos y no solo al prójimo». «Mas, ¿qué dijo de las estrellas y las flores?». «¿Qué de la Providencia que vela por las estrellas y las flores?». «¿Qué dijo, finalmente, sobre la vida que hay tanto en mí como en la flor?». Son preguntas muy distintas, algo que se le escapó a Goethe y de Voltaire ni hablemos. Las «reglas de conducta» son cosas bien distintas de la fuerza que hace «crecer las plantas». «Solo Dios podía enseñar una moralidad como esa», me digo leyendo el Evangelio, sin citar a Renan y rechazando a Strauss. «Tal maravilla solo pudo haber sido creada por Dios», decía el hombre antiguo, señalando el nenúfar en el estanque, el loto, cuya imagen había llevado al templo. Sí, Dios está en todas partes... «en lo visible y lo invisible»; se «ve» que habitó treinta y tres años entre nosotros, pero ya antes, durante cinco mil años, se le elevaron plegarias, cuando era aquel Dios «Invisible» presente en templos cuya característica dominante era la ausencia total de imágenes, salvo aquellas cargadas de un sentido alegórico.

Fig. 2. Este dibujo aparece en el Cuadro n.º 67 de la propia edición. Le falta una parte, precisamente aquella en la que «el recién nacido mama del pecho de su madre». Aquí, la síntesis se expresa mediante los cuernos de la vaca que encierran el disco solar sobre la cabeza de la mujer. En cualquier caso, se trata de una suerte de *adoratio* de la maternidad.

Quisiéramos concluir nuestra reflexión con algo que podría servir como una suerte de ilustración. Es sabido que el Templo de Salomón no era más que el desarrollo, la ampliación, del Tabernáculo del Antiguo Testamento, cuyo plan Dios le había confiado en secreto a Moisés en el Sinaí. Es sabido también que ese templo fue erigido por arquitectos y maestros de obra de Hiram, rey de Tiro, y ahí tenemos el puente tendido entre el Sinaí y Tiro, cuyos fundamentos aún permanecen, aunque sus rampas y barandas desaparecieran en los crueles avatares de acontecimientos sucesivos. En el templo, como en el Tabernáculo, había un espacio reservado a los holocaustos, el lugar sagrado por excelencia. Fue Dios quien proveyó el plan y la idea secreta —otra vez el secreto—, que permitieron erigirlo. Entre los detalles de la composición del Tabernáculo, hay uno notable, a saber, que bajo la balda superior se guardaban *piedras y tierra sin labrar*. La idea de la *integridad* domina todo el servicio divino de Israel: «el sacerdote no debe padecer enfermedad ni deformidad alguna», «el cordero pascual debe estar libre de taras y ser un añojo», y el cordero de la paz, víctima ofrecida para conseguir la remisión de los pecados del mundo, «no debe tener rotas las patas». Prevalece por todas partes, en ellos, la idea de la *integridad orgánica*. Una referencia bíblica más: estaba prohibido echar al fuego del altar del holocausto *ramas podridas o agusanadas*, porque hacerlo hubiera sido pecado en tanto habría ido en contra de lo que requiere el fuego sagrado. Una sola idea lo atravesaba todo: la idea de «la vida» como instancia opuesta a «la muerte». Incluso en un lugar, todo él sagrado, como era el altar del holocausto encontramos puntos de una santidad excepcional y terrible: los *cuernos* que adornaban sus cuatro ángulos. Fue de ellos que se sujetó Joab, perseguido por los guerreros de Salomón, antes de morir. «Y huyó Joab al tabernáculo de Jehová, y asióse a los cornijales del altar», leemos en el primer libro de Reyes, porque eran asilo y refugio, templo en el templo, «corazón» del altar. Es sorprendente que los historiadores no hayan prestado atención a ese episodio. Si existen *los cuernos*, ha de existir *aquel que lleva cuernos*. Si eran tan sagrados, es evidente que eran algo más que meros «adornos arquitectónicos». Mas, ¿dónde está ese *él* que los lleva? ¿Dónde se encuentra ese ente cornudo? Todos nosotros leemos en el Apocalipsis acerca de la existencia del cordero eterno y no manifestamos sorpresa ni asombro. Nos es familiar el asunto. Conocemos al cordero pascual bíblico, sabemos que significa algo. Un cordero, más bien un corderito: ¡pues, mira quién podía llevar cuernos! Y, ¿dónde se ha metido? En el interior del altar, oculto, invisible, siguiendo un principio general de la *invisibilidad*, en ningún caso de la *ausencia*, que se profesa en el Tabernáculo y se reafirma en todo el templo. «Invisible», pero «presente»: y de esa presencia son testimonio los cuernos, que, solitarios, sobresalen de un altar que se asemeja un poco a un cordero, y algo a un becerro, gracias a esa cornamenta que lo domina. Se aprecian los cuernos y el paramento, es decir las baldas y las paredes del altar, que son la esencia de *la casa y el habitáculo* de una presencia que no es mera representación, sino algo *efectivamente vivo*... sea cordero o becerro. Moisés destrozó las imágenes. Mas, ¿acaso ese gesto niega lo representado? Los iconoclastas negaban las imágenes. Mas, ¿acaso eso significa que «no veneraban a los santos»? «Mañana será fiesta a Jehová», le dijo Aarón a la gente tras haber fundido *el becerro*. ¡¿Acaso ignoraba a quién honraba y adoraba su hermano?! Cuando se eliminan las imágenes, ya inútiles, estas se constituyen en pecado. Pero los cuernos continúan allí, como está presente también el representado, y es algo *vivo*. No es solo bronce y oro, sino *vida* misma. Roboam en Bethel, por ejemplo, que descubre al animal del altar. Quitó la cornamenta y el paramento; todo se realizó *tal como lo había hecho Aarón ante la gente*. Los historiadores interpretaron ese gesto como uno que apuntaba a la lucha entre *teísmos*, y así lo explicaron a sus lectores. En realidad, se trataba de *un solo y único teísmo* y la discusión se reducía a la pregunta por si había que descubrir a todo el animal o si se dejaba visible algo que es exterior y carente de toda significación particular, algo inerte y que, al no tener sangre, está privado de vida, a saber, *los cuernos*. Los cuernos son apéndices por los que no fluye la sangre, así que es posible y lícito traducirlos en bronce. Mas, si yo venero la sangre y el secreto e indiscutible misticismo que hay en ella, a aquel que la sacraliza y prohibe derramarla («¡No matarás!»), ¿cómo lo represento fielmente? Aarón se equivocó. Su error consistió en desconocer que *la vida no es susceptible de ser representada en piedra o metal, con parámetros geométricos o estadísticos*. Y de la misma manera que se equivocaron en ese punto los historiadores, tomando como diversas religiones lo que no eran más que variantes de una sola, se equivocó la gente, se equivocaron los pueblos y los artífices de la historia en las fronteras de nuestra era. Antes de su advenimiento, igual que a partir de este, ha habido un Dios, «Uno en tres personas», como se predicó después, cuando se dio con esa fórmula. Una Persona trajo a la tierra la ley moral, pero aparte de ella existe la realidad del mundo en tanto *hecho*, hay las venas y la sangre del mundo, en las que late un misticismo propio y se esconde la otra fuente de ese misticismo. El nacimiento es un hecho, el nacimiento es sangre: he ahí el principio que veneraba el mundo antiguo, que en eso sí que no erraba. Puesto que para pensar, se tiene que haber nacido antes. Eso es lo primordial y que era una verdad a un tiempo sagrada y divina lo afirma el propio Filaret:

Que la vida nos haya dado Dios.

«Naturalmente que sí», podría haber exclamado todo el mundo antiguo, en Atenas, Memphis, Cartagena, Tiro o Babilonia, en respuesta a Filaret. «Siempre hemos pensado exactamente así, pero no supimos expresarlo. Éramos impotentes para expresarlo como a veces lo son los pintores o los oradores, pero en tanto hombres de fe no nos equivocamos. Incapaces de hablar, señalábamos las flores de loto. Incapaces de expresar el estremecimiento de nuestros corazones, levantábamos los brazos hacia las estrellas. Pero nuestras oraciones no iban dirigidas a las estrellas o los lotos, sino a aquel que nos dio la vida, como bien dices, porque Dios es vida y Él mismo es principio de vida porque guarda en sí las llaves de la vida eterna. He ahí la razón última de lo que representábamos, todavía en forma muy infantil, sin saber exactamente cómo, pero siempre buscando que se asemejara a un animal»... «Filaret consiguió encontrar *la palabra*, porque vivía en otra época, en *la era del verbo*, que no deja de ser verdadera y divina, aunque difiera de la nuestra. Él posee la verdad de la palabra, como nosotros poseíamos la verdad del hecho, sin divergencia ni contradicción alguna».

En un sacramento profundamente real —el matrimonio—, se esconde todavía hoy ese teísmo de la sangre en apariencia extinto, pero que pervivirá siempre, «que hizo salir los cuernos del altar de Israel». El matrimonio es el recién nacido, gracias a cuya mediación opera ese sacramento. Está hecho a «imagen y semejanza» del Cordero. Por cierto, que un «cordero» es una criatura joven, inmadura o adolescente, e incluso infantil. Si se hubiera tratado de una criatura madura o adulta, jamás se habría usado esa palabra, sino que se hubiera elegido otra más apropiada. El Cordero es el eterno recién nacido. Subrayémoslo: en el sacramento del matrimonio, tal como es entendido por la Iglesia, está contenido, si bien en forma oculta, todo el misticismo antiguo, que no puede ser destruido, sin destruir al mismo tiempo el propio sacramento. En cuanto penetramos más profundamente en el sentido del matrimonio, nos damos cuenta que la antigüedad está viva, que no puede morir. *Hemos aprendido a co-*

nocer el Logos, pero *existimos* y *vivimos* todavía en los predios del Antiguo Testamento, gracias a la primera Persona de un Ser místicamente Divino: el Padre. Y cada vez que damos a luz una criatura o asistimos a un parto podemos decir, corrigiendo la aflicción de los griegos, «El Gran Pan no ha muerto, está en nosotros y en todo, como queda expresado en su nombre mismo, que retoma el apóstol en otros términos, mucho más grandes y profundos, para decir "Dios es todas las cosas en todos"». Los griegos merecen que les tiremos de la orejas por la ligereza de sus plegarias o por su entrega a la vida mundana, cosas esas que les permitieron acceder a la poesía, pero en ningún caso por *Aquel al que elevaban sus plegarias*.

Fig. 3

El bosque encantado

El sexo en el hombre se asemeja a un bosque encantado, es decir, a un bosque colmado de sortilegios y protegido por mágicos conjuros. A aquellos que se aventuran a adentrarse en él lo adormecen los conjuros, para después engañarlos, atraerlos y, a veces, darles muerte. En cualquier caso, los conjuros van *escoltando* al aventurero hasta alcanzar su principal objetivo: impedir que entre al bosque y lo examine. En algunos los sortilegios provocan rechazo. Adoptan la forma de figuras de una «galería de los horrores» que el hombre no se atreve siquiera a nombrar: ni el pincel ni la palabra osan trasladar lo que se les aparece en esa incursión. El visitante huye despavorido, con lo que el objetivo ha vuelto a ser alcanzado: el bosque encantado continúa siendo un misterio.

Sí, el sexo es un bosque encantado. Y, sin embargo, Edipo se adentró en él. Lo importante aquí es no perder la cabeza, «andar con las orejas paradas», aguzar la vista y el intelecto. No es necesario fotografiar a «los monstruos». En realidad, basta que uno sea capaz de escrutarlos para que se produzca una sorprendente metamorfosis y el aventurero audaz se vea recompensado desde el primer paso con extraordinaria munificencia. Las figuras que vistas desde el *exterior* —vistas desde *la ciudad o el camino polvoriento*—, parecían monstruos nudosos y cornudos, se transforman, cuando se las mira *desde el otro lado* —*desde el bosque en el que ya uno se ha adentrado*—, en visiones milagrosas, en verdaderos «elfos», en amables criaturas de sonrisa beata y celestial dotadas de paradisíacas alas. El sexo —«galería de los horrores del vicio», «monstruo indecente» y «caja de Pandora» de la que emanan pestilentes efluvios que envenenan el mundo—, se revela de pronto como algo totalmente diferente: es refugio de los puros, fuente de toda incorruptibilidad y, en definitiva, arca de salud en la que se preserva una santidad eterna e inagotable que se derrama por el mundo. Quien *ya ha ingresado* en el bosque encantado «sin perder la cabeza» encuentra a cada paso fabulosos tesoros que va juntando en una cesta, guardándoselos junto al pecho, bajo la camisa. De hecho, se trata de «toda una fortuna»... ¡Y nosotros, hundidos en el polvo de las ciudades, no nos percatamos de que vivimos junto a esa frescura inagotable!

Las conclusiones que saca «quien no perdió la cabeza» son casi más importantes que los preciosos bienes que ha ido recogiendo del suelo. Todo aquello que parecía y parece ordinariamente una «caída», cuando se lo mira desde «el otro lado» (desde el camino, el polvo, la ciudad), de pronto resulta ser una inclinación absolutamente natural. En esencia, una genuflexión tan sagrada que el hombre la realiza involuntariamente, diríamos que ciego, entregándose a la fuerza de una mano que le obliga a bajar la cerviz. Es algo maravilloso. Más aún: resulta que «pasarán el cielo y la tierra», pero ese gesto de reverencia permanecerá.

Surge ahora la pregunta: ¿ante *qué* se hace esa reverencia? «Atenas se me somete, mientras que yo me someto a la madre de mi hijo y ella misma a ese hijo, de manera que este manda sobre mí y sobre Atenas», bromeó Temístocles. He ahí la verdadera relación entre el «sexo» y la ciudad y hasta la esencia misma del sexo: se trata de un eterno recién nacido. «El bosque encantado» es el bosque que rodea a todo niño, donde crece. Más aún: es el lugar donde fue concebido, «generado». El «Universo de los monstruos» no es más que el Reino de la Infancia, aquel donde el cetro está en sus manos, la corona sobre su cabeza y es él quien manda sobre los ejércitos. Un lugar donde todo pertenece a la infancia, así que todo está intacto y participa de la máxima pureza. Por tanto, cuando el mundo se inclina ante el sexo, en realidad está adorando a la infancia. Vayamos aún más allá: rindiéndole culto al niño, el mundo sumido en el pecado honra su propia infancia, «las visiones»

De la inocencia de los primeros días.[1]

He ahí lo que son los «monstruos horripilantes», los «monstruos cargados de muerte»: el «vicio» que pensábamos nos conducía hacia la «muerte última» corre precisamente al encuentro de lo más puro y se hunde en la tierra, como si «cavara su propia tumba». Mas, tened paciencia y observad. Después de horadar la tierra y cruzar las doce mil verstas de diámetro

[1] Último verso del poema de 1828 Renacimiento (Vozrozhdenie) de Aleksandr Pushkin.

del planeta, esa fuerza no solo «no ha muerto», sino que «ha resucitado» para elevarse a lo alto del cielo y alcanzar las estrellas que adoramos aquí abajo. Y en América, en alguna parte del Canadá o de Texas, su lámpara comienza a arder bajo la misma estrella, solo que doce horas antes o después que encendemos la nuestra. Pitágoras dijo: «Existe la tierra, pero también existe la anti-tierra (ἀντίχθων); hay el sol, y también el anti-sol». ¿Acaso habrá sido eso lo que quería dar a entender?

Un mundo de elfos, un mundo de niños, un mundo de cuentos... He ahí la fuente de la mitología y también la fuente del judaísmo («la circuncisión»). El cuento y la plegaria se abrazan; ¡oh, cuán ajeno a la maldad es el beso de un niño! Sí, así de impresionante es el bosque encantado. En él son tan raros los encuentros como fascinantes los hallazgos. Moisés y sus tablas de la Ley y a su lado su «hermano», el hermeneuta... ¡Pero no Aarón, sino Shakespeare vistiendo el *ephod* sacerdotal del que cuelgan las borlas hebreas! «Estarán tejidas de hilos azules y blancos y la plegaria matinal, que ha de ser pronunciada mirándolas, será leída en aquella hora de la mañana en la que el ojo es ya capaz de distinguir lo blanco de lo azul» (Talmud). Es como si leyéramos la historia de la reina Mab mencionada por un tal Mercuzio en *Romeo y Julieta*. Ya digo que el bosque encantado es fuente de peculiares encuentros... Por eso, cuando asoma la estrella vespertina cada pareja feliz, cada humilde villorrio y hasta «el último de los burgueses», hunden sus pies groseros en ese mundo de cuentos y realidades sagradas. Ay, ¡qué bien lavados deben estar *los pies* antes de entregarse a la inmersión! ¡Qué bien comprendemos, entonces, el sentido de las «santas abluciones» nocturnas de Oriente! Oriente sagrado, santo Oriente: patria de *todos* los cuentos, cuna de *todas* las religiones, genuino «bosque encantado» de la historia. Yo lo amo. Amo con locura a ese Oriente en el que encuentro a Moisés y a Shakespeare. Occidente está sumido en un mar de confusiones respecto a Oriente. Cuánta nostalgia en Shakespeare (*La tempestad*, *Hamlet*), cuánta en Goethe (*Fausto*). La misma que sentimos todos nosotros en Occidente, incapaces de darnos cuenta de que se trata de una nostalgia por nuestra gran patria común: el Oriente sagrado, el santo Oriente:

> *Resplandecerá la estrella matinal*
> *Y tomaremos címbalos y tímpanos y caramillos*
> *Y plata y oro llevaremos*
> *A nuestra Antigua Casa...*

No comprendo esos versos de Dostoievski, versos que él no se limita a citar, sino que los *compuso*. Sin embargo, por alguna razón nunca consigo leerlos o recordarlos sin que se me salten las lágrimas. En ellos, Dostoievski expresa algo mío: me arrancó «ayer» mi verdad de «mañana». Sorprendente telepatía. Quiero decir, que amo esos versos como a mi propia patria. De la misma manera que uno ama la tumba de su madre o de su hijo. Dostoievski concluye:

> *A nuestra Antigua Casa, Palestina.*

Pero, sobre todo, lo que más me consuela es que nos llevaremos allá los restos de Shakespeare, sus reliquias. ¿Acaso es posible colocar a Shakespeare en el «santoral»? Dios le dijo a Sara, riéndose: «¿Hay para Dios alguna cosa difícil?». Y su Hijo dejó dicho: «Hija, tu fe te ha salvado». Oh, ¡cómo me embarga la felicidad y se me saltan las lágrimas cuando pienso en la expresión «Dios mío, mi Salvador»! Y echaremos a andar, sí, echaremos a andar, cargados con los «restos» de nuestros santos, los santos de Occidente, todos esos grandes hombres tristes, perplejos ante el «bosque encantado». Echaremos a andar, por supuesto que llevando tambores y con los dedos llenos de anillos:

Y tomaremos címbalos y tímpanos y caramillos...

Será la *más musical* de las procesiones, una procesión *coreográfica*. Seremos *tan bellos*, como jamás lo ha sido hombre alguno desde el día de la creación, porque seremos *felices al fin*, y es precisamente en ese secreto donde está oculto el inefable secreto y la, podríamos decir, «Caja de Pandora» de la belleza, de todas las bellezas. Nuestros movimientos serán gráciles. Las ancianas adquirirán la gracia de los niños, porque ganarán de nuevo la infancia. Los hombres se despojarán de su tosquedad, porque serán tiernos como muchachas y las esposas entonarán los cantos sagrados, como lo hicieron Miriam, la hermana de Moisés, y la profetisa Deborah:

Cantaré yo a Jehová,
Porque se ha cubierto de gloria.

...
Este es mi Dios y a este engrandeceré;
Dios de mi padre, a este ensalzaré...

...Engrandezca Dios a Japhet,
y habite en las tiendas de Sem.

Génesis 9, 27.

Existe una «paternidad» anterior a toda eternidad; existe una «maternidad» eterna. ¿Qué es la Biblia? El libro de las «paternidades». «Dios de Abraham, Dios de Isaac, Dios de Jacob»: he ahí la fórmula que Israel transporta, inmutable, a lo largo de todas sus peregrinaciones por Memphis, Canaán, Sión, Babilonia, París y Vilnius. Es decir, el Dios de Abraham, que «engendró» a Isaac, «nacido» de Abraham, que a su vez «engendra» a Jacob; el Dios de Jacob «nacido de Isaac», engendrado por «Abraham». Y hay más: desde los primeros capítulos hasta los últimos, la Biblia contiene secuencias de nacimientos que conforman una vasta genealogía que se ramifica una y otra vez. Es una especie de «encinar de Mamre» verbal (bien que quisiera yo corregir esa expresión de «encinar de Mamre») donde sopla un viento sagrado. Cada individuo vive en ese encinar apostado junto a su «rama» respectiva y toda su atención se centra en aquellos puntos que prometen la posibilidad de una nueva «ramificación» de la que ha podido surgir, o podría alguna vez surgir, un nuevo brote. Hacemos aquí alusión no a uno u otro pasaje de la Biblia, sino a su colorido entero y a la melodía que se desprende de sus páginas sagradas e infinitas.

De entre esos «pasajes», citaré dos o tres particularmente brillantes. Jephté regresa vencedor y eufórico por la victoria hace votos de ofrecer a Dios «en holocausto» lo primero que salga de su casa. Él suponía que saldría una vaca o un cordero, pero hete aquí que quien sale es ¡su hija...! ¡¡¡Su única hija!!! Qué horror. Pero la promesa hecha a Dios es irrevocable y la hija, por muy extraño que eso suene a nuestros oídos, consuela al padre de esta manera: «Padre mío, si has abierto la boca a Jehová, haz de mí como salió de tu boca. Mas, primero déjame por dos meses que vaya y descienda por los montes, y *llore mi virginidad*, yo y mis compañeras». El resto de la historia se corresponde con los votos hechos. ¡Qué tema para la meditación, la pena y la perplejidad del cronista, podría uno pensar! Sin embargo, este se contenta con apenas una frase: «Y ella nunca conoció varón» (Jueces 11, 39).

Esa es la eterna preocupación de Israel y en ese mismo sentido podemos definir la Biblia como el libro de la «paternidad», de la misma manera que lo llamamos libro del «conocimiento». Tomemos otro ejemplo: la guerra contra los filisteos. Las tropas hebreas son derrotadas; el arca de la alianza es capturada y secuestrada; Ophni y Phinees, los hijos díscolos del Sumo Sacerdote Eli, han resultado muertos. Finalmente, el propio Sumo Sacerdote, al recibir la noticia, se desploma y muere. Pareciera que es el fin de Israel como tribu, Estado y «santuario»... ¿Qué nos anota el cronista? «Y su nuera, la mujer de Phinees, que estaba preñada, cercana al parto, oyendo el rumor que el arca de Dios era tomada, y muertos su suegro y su marido, encorvóse y parió; porque sus dolores se habían ya derramado por ella. Y al tiempo que se moría, decíanle las que estaban junto a ella: *"No tengas temor, porque has parido un hijo"*. Mas ella no respondió, ni paró mientes» (1 Samuel 4, 19-20).

Esa es la atmósfera que rodea el «arca de la alianza». Una atmósfera que hace mucho se perdió. Del templo de Jerusalén no queda más que el «muro de las lamentaciones». Pero la «carne» de Israel está viva, no se apaga ni palidece... ¡Está en pleno esplendor carnal! Han transcurrido 4000 años y no hay ni una pizca de cansancio vital ni sombra de pesimismo. Por eso todavía hoy cualquier «Chaim de Vilnius» avanza a trompicones hacia su casa tras realizar un buen negocio, o uno malo, ve luz ardiendo en una ventana, aunque sea la de un «gentil», y se detiene y murmura: "Bendito sea *Dios el creador de la luz*". Es imposible imponer una costumbre como esa. Es tan precisa y es tan difícil verificar su cumplimiento que sin ninguna duda hubiera desaparecido hace tiempo, si no existiera en cada israelita la fuerza interior que le hace *repetir esas palabras una y otra vez*.

Israel continúa siendo un enigma para los historiadores europeos. Podemos hacernos una idea de cuán lejos estamos de encontrar una solución a ese enigma gracias a un fragmento del libro del difunto metropolita Filaret *Explicaciones sobre el Libro del Génesis*. Allí se trata de la circuncisión, esa curiosa operación que los israelitas han conservado celosamente hasta hoy. Una «consulta» diligente permite establecer sin mayor esfuerzo que en la Biblia, la preocupación por la circuncisión y el temor a quedar incircunciso predomina sobre la atención que se le presta a los profetas o la obediencia debida a Moisés, a Sión y a la propia integridad de las Doce Tribus (la de Benjamín estuvo una vez a punto de desaparecer, cuando solo quedó con vida uno de sus miembros). Después de 4000 años, el «río de Israel» continúa manando de la pequeña fuente que es esa extraña operación. Sin embargo, es menester anotar que Filaret la consideraba desde una perspectiva meramente anatómica, como una profilaxis higiénica: «Se le deben suponer dos causas a la institución de la circuncisión: una de carácter educativo y la otra de carácter iniciático o profético. La primera apunta a la prevención de ciertas enfermedades y a la pureza del cuerpo que corresponde a un pueblo sagrado. Una pureza de la que debe extraer una fecunda natalidad. Ese último es el sentido que da Filón (un judío de Alejandría y filósofo de inclinación platónica, una de las más grandes, si no la más grande, autoridad del judaísmo) a la circuncisión. Su significación profética, por otra parte, solo se manifiesta mediante la encarnación del Verbo de Dios». Qué tono tan dogmático y altivo. Esas palabras reflejan más una negación que una mera incomprensión: «el Antiguo Testamento nunca ha existido» o «está vacío de contenido». De todos modos, a juzgar por la cita de Filón, el sentido de la circuncisión era oscuro hasta para los propios hebreos desde los albores de nuestra era y si aún pervive esa observancia ritual es solo gracias a la rutinaria tenacidad de los rabinos. Sin embargo, en la Biblia aparece una indicación sobre el sentido de la operación en la voz de Séphora, la mujer de Moisés. Es importante tener aquí en cuenta las circunstancias en que fueron pronunciadas sus palabras, así que citaremos cinco o seis versículos. Moisés acaba de escuchar en el monte Horeb la exhortación de Dios a regresar a Egipto de donde había escapado para salvar a su pueblo de la esclavitud. Se había tomado, pues, una gran decisión. No la había tomado Moisés, sino que fue tomada para él y para Israel. Con las prisas de la huida, Séphora *había pospuesto temporalmente la «operación profiláctica»*, en ningún caso pensando que no la practicaría más adelante. Y, de pronto, nos llegan unas palabras, cual el lejano y siniestro estruendo de un trueno: «Y aconteció en el camino, que en una posada le salió al encuentro (a Moisés) *Jehová, y quiso matarlo*. Entonces Séphora cogió un afilado pedernal, y cortó el prepucio de su hijo, y echólo a sus pies, diciendo: A la verdad *tú me eres un esposo de sangre*. Así le dejó luego ir. Y ella dijo: *Esposo de sangre, a causa de la circuncisión*» (Éxodo 4, 24-26). Resulta, pues, que un bebé incirciso estuvo a punto de producir un giro en la suerte de toda una tribu, que ya había sido decidida gracias a la mediación de Moisés. Si una aterrorizada Séphora no se hubiera apresurado a realizar una «operación higiénica al niño», Moisés habría muerto y los hebreos no habrían conseguido abandonar Egipto. ¡¡¡Qué claro queda que Filaret (y puede que tampoco Filón) no comprendía absolutamente nada de la circuncisión!!! Veamos otros pasajes donde se habla de ella. «Y el varón incircunciso que no hubiere circuncidado la carne de su prepucio, aquella persona será borrada de su pueblo», le dijo Dios a Abraham al concluir el Pacto. Es decir, que el «pacto» *se había producido* y su sentido radicaba precisamente en la *«circuncisión»*. Más exactamente, todas las «promesas» respecto a la «herencia de la tierra de Canaán» o «la multiplicación como la sal del mar» se refieren a otro contenido fundamental y oculto: la circuncisión. Todas esas promesas no son más que el lado terrenal, necesario y discernible, *que incita a Abraham a concluir el «pacto»* y, en esencia, solo realizan los sueños que lo obsesionan. Son *solo una recompensa*. Con todo, una recompensa... ¿a cambio de *qué*? ¿De qué? Eso es algo que no queda claro, que no se nos dice en ninguna parte. Un cuchillo afilado se desliza por una extraña parte del cuerpo de un recién nacido y se baña con la sangre que mana de ese corte... ¿Con qué objeto? ¿Para quién? Son preguntas, que conforman la parte numinosa de la circuncisión y sobre la cual, *una vez que no conciernen al hombre*, nada se le ha dicho a este jamás.

Sin embargo, *en las palabras de Séphora* se aprecia que el deslizamiento del cuchillo por esa parte precisa del cuerpo constituye un gesto, un rito, un proceso de unión sexual, al término de la cual el «esposo de sangre» queda obligado a la fidelidad...[1] ¿Fiel a quién?

---

[1] En relación a las palabras de Séphora que aclaran el misterio de la circuncisión y las palabras bíblicas que reproducen las interpelaciones de Dios a Abraham, encontré en las publicaciones de la expedición francesa de Bonaparte a Egipto dos ilustraciones que no dejan duda alguna de que la circuncisión para los egipcios no era una «costumbre etnográfica», sino un hecho

religioso muy cercano a la comprensión que de ella tenían los hebreos, en lo que a su significación se refiere. Prestad atención primero a la solemne procesión religiosa representada en uno de los pilones (torre en forma de pirámide truncada) de la entrada al templo de Karnak (cerca de Tebas). La parte inferior de la imagen, poco relevante ahora, está deteriorada, pero la superior se ha conservado en perfecto estado. Estamos ante lo que corresponde entre los egipcios a nuestras «procesiones», es decir, el traslado de un lugar a otro de «imágenes sagradas». Los sacerdotes portan sobre sus espaldas la «barca sagrada» (cf. fig. 4). En la proa y la popa nos encontramos con imágenes de la cabeza de Ammón, el principal dios de los egipcios. En la parte central de la cubierta hay una «cámara», o mejor, un «camarote», ya que hablamos de una barca, cerrado por los lados y cubierto por un baldaquín. Delante de él, una figura humana eleva los brazos al cielo, gesto habitual de oración para los egipcios. Veamos qué sucede dentro de esa «cámara-camarote»: dos personajes están sentados cara a cara. Parecen ángeles con sus alas desplegadas hacia delante, formando una suerte de cuadrado, que protege algo situado entre ellos. Sea lo que sea ese «algo», cualesquiera sean su nombre o el papel que desempeña, no cabe la menor duda de que se trata de *un ser extremadamente importante para los egipcios*. Estamos ante lo que constituye el centro de su religión o, más exactamente, ante uno de los centros de la religión y la veneración egipcias. Esto es incontestable. Sobre su cabeza vemos un disco solar, signo permanente de la divinidad y lo divino entre los egipcios. Es la misma deidad o ser divino, según el parecer egipcio, que ya hemos visto en la fig. 4, cuya forma denota claramente la relación que mantiene con la circuncisión. Hablando claramente, estamos ante *el sello de la circuncisión*, tal como lo entendían los egipcios. Esta imagen desecha definitivamente la absurda, y no por ello menos extendida, idea de la «operación higiénica», dizque necesaria para la salud. Porque en asuntos de higiene, y digámoslo con palabras de nuestra época, «la cosa no va de imágenes». Los hebreos tienen un canon, una fe extensiva a todos, que dicta que «desde el momento mismo en que el nacido es circuncidado, *el ángel de Jehová desciende sobre él y no lo abandona hasta la muerte*». Este

Fig. 4

Y ¿de qué tipo de fidelidad se trata? Los profetas explicaban continuamente esas palabras, dándoles un único sentido: «no adorar a *otros* dioses» en y por la circuncisión. El «circunciso» es el «prometido», el «unido en el pacto» y dado el lugar en el que se estampa el sello que lo consagra no nos puede quedar duda alguna de que la revelación del pacto y el cumplimiento de la promesa se realizan en el matrimonio: por eso en Egipto, donde la circuncisión también existía, esta *se practicaba inmediatamente antes de contraer matrimonio*, durante el decimoséptimo año de vida. Los detalles de

---

asombroso dibujo egipcio es *una traducción de esa fórmula*. La parte que *la circuncisión descubre y desnuda* es precisamente el lugar donde se sitúa aquello que puede representar al «Ángel de Jehová» o identificarse con él. Y conviene, en este punto, tener presente la respuesta que dieron a Heródoto los sacerdotes egipcios cuando este les pide que le revelen los «misterios» de su religión («los misterios de Osiris e Isis»): «Solo los conocerán aquellos que se hayan sometido a la circuncisión; circuncídate, y los conocerás». De ello deducimos, que todo el culto religioso egipcio estaba imbricado con la circuncisión y emanaba de ella. De la misma manera que sucedía entre los hebreos, según las palabras del apóstol Pablo («la circuncisión contiene todas las otras reglas de la ley religiosa»).

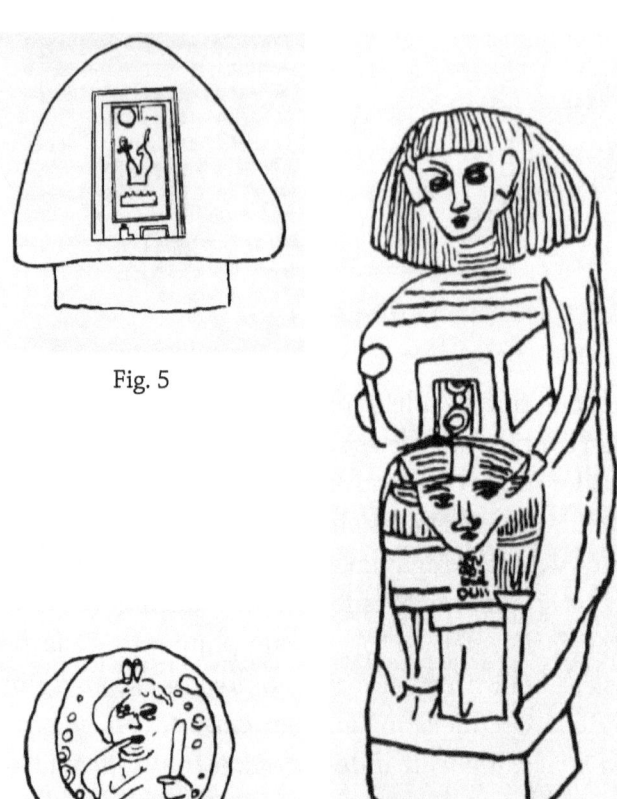

Fig. 5

Fig. 6   Fig. 7

la circuncisión son en sí mismos extraordinarios: se
cortaba el prepucio a lo largo en forma de anillo (es
decir, que el corte se prolongaba alrededor de todo
el prepucio), después se lo dividía en dos partes que
se separaban formando dos anillos aún más finos, de
los cuales uno, «la orla del prepucio», era conservado
por el circunciso desde el nacimiento hasta el día de

la muerte, por así decirlo, como «recuerdo» y «prenda de fidelidad», mientras que el segundo anillo, por el contrario, era echado a un lado, rechazado y abandonado *como si se le temiera.* «Así le dejó luego ir» Jehová, como saciado y satisfecho. Está claro que el «pacto» se contrae con Dios, pero el «cumplimiento del pacto», si juzgamos por el punto donde se estampa el sello, se realiza, por supuesto, solo en el matrimonio. Dicho de otra manera: es en el matrimonio donde el «pacto» pasa de ser promesa a *devenir realidad,* la «palabra» de los contrayentes deviene realidad conyugal, ligada, sin posibilidad alguna de retractación, por las dos mitades del anillo de la circuncisión. De ahí se deriva este otro aspecto: *aquel que no puede ser hombre, tampoco podrá ser en ningún caso israelita.* Según la ley mosaica «un castrado o semicastrado *no podrá formar parte del pueblo de Dios».* De esta manera, las «Doce tribus» forman el «Pueblo de Dios», mas ha de tratarse de un pueblo unido por el anillo de la circuncisión y, por tanto, de un *«pueblo nupcial»,* un pueblo *«unido por lazos conyugales».* Y es precisamente debido al punto exacto donde se realiza la circuncisión, estampándose el sello misterioso, que se convierte, si puede uno expresarse así, en «pueblo que es parte de Dios». Ahora, pues, se explican muchos extraños cambios onomásticos que se producen en el momento mismo del pacto o en el de su confirmación: «Y no se llamará más tu nombre Abram (= "señor"), sino que será tu nombre Abraham (= "padre de muchedumbre de gentes") y a Sarai tu mujer no la llamarás Sarai (= "señora"), mas Sara (= "eminente esposa") será su nombre»; «No te llamarás más Jacob, sino Israel (= "el que lucha con Dios")». La significación de esos cambios de nombre que se repiten hasta el infinito se aclara cuando recurrimos al simbolismo de los egipcios circuncisos. «Tú no serás más Abram, ni tú serás más Sarai; para mí sois solamente Abraham y Sara; mi vista se posa sobre esa imagen esencial para mí, aunque secundaria para vosotros».[2] La negación y la afirmación que se

Fig. 8. Transformaciones de la figura humana habituales entre los egipcios (rostro de serpiente, rostro de ave).

[2] La figura humana suele descomponerse en varios «rostros de convergente fisionomía». Sucede como si una serie de ríos se desprendieran de ella y cada uno encontrara su propia «salida al mar», es decir, su salida al mundo, al cosmos. Y resulta que esas «salidas al mundo», esos estuarios, constituyen la esencia de aquella figura humana. Más exactamente lo que el hombre

funden aquí, se expresan en el mundo figurativo egipcio mediante una eterna negación de los «rostros» y «cabezas» humanas, a las que sustituye cualquier otra

---

tiene es: 1) una cabeza, provista de *un rostro*; es decir, la fuente de su luz intelectual y espiritual; 2) la esfera sexual, que le permite *reproducirse* y mediante la cual se hunde en el porvenir, en la eternidad; 3) unos *pies*, con los que se *desplaza y viaja*; 4) unas manos, aptas para el trabajo y la edificación. El «talento» del rostro consiste en «agradar», en «expresar el contenido del alma», en hablar, convencer, predicar; el «talento» de la «esfera sexual» consiste en garantizar una posteridad fecunda y, sobre todo, sólida, plena de vida y vigor; el talento de los «pies» consiste en viajar, vagabundear, danzar; el «talento» de las manos, ya por último, radica en su aptitud para la técnica, el arte, la destreza. Al considerar el «aspecto sexual», no debemos pasar por alto que la parte esencial de nuestra figura (el *corpus*) manifiesta claramente diversos aspectos: «anterior» y «posterior», «derecho» e «izquierdo», «superior» e «inferior». Esos «pares» o «partes dobladas» son análogos. Y dado que con solo prestar un poco de atención nos percatamos de que la «esfera sexual» corresponde al lado «inferior respecto a la cabeza», debemos deducir también aquí una analogía. En un sorprendente dibujo incluido en *Expedición francesa de Bonaparte a Egipto* (folio V, tabla 69) me he encontrado una imagen que aparece en la p. 31 (cf. fig. 7) que constituye la confirmación gráfica ideal de mis ideas respecto a los «rostros humanos»: una mujer sostiene *una reproducción de su rostro, de su cabeza*, ligeramente modificada de manera que se asemeja a la cabeza y el rostro de Isis (las orejas de vaca sobre una cabeza humana siempre son atributos de Isis), a la altura de su esfera sexual, como si quisiera *disimularla anteponiendo el rostro y la cabeza de la diosa*. Por otra parte, es evidente que si bien la cabeza inclinada hacia abajo es la de Isis, con sus atributos y elementos específicos, quien la sostiene es una egipcia humilde desprovista de cualquier tipo de adornos u ornamentos. La fig. 6 lo expresa aún más claramente: *la forma redondeada, oval, del dibujo* permite adivinar que estamos ante una suerte de *autogénesis del rostro o de la cabeza*.

cosa, cualquier cabeza ajena tomada de algún animal. Una «cabeza animal» que corona un cuerpo humano en ocasiones representado con extremo cuidado en los detalles, expresando y representando ricamente a Abraham y a Sara. Todos esos cambios onomásticos que encontramos en la Biblia, todos esos desdoblamientos de la personalidad, en los que *uno de los rostros se deprecia, mientras el segundo* —el de la fecundidad— *es reafirmado*, todo eso se expresa silenciosamente en los trazos, aún hoy enigmáticos, del arte «sagrado» del Delta del Nilo. Tanto allá en Egipto, como aquí, entre los hebreos, *el rostro del pacto* ha sido finalmente revelado: el rostro que ha asumido las promesas y, a cambio, ha jurado fidelidad, tras haber recibido el sello de sangre que priva de libertad.

¿En qué consiste el ritmo del matrimonio? Tan breve y constreñido en el tiempo es cada latido de su pulso, que solo podemos encontrar algunos indicios en la fotosfera de los *fenómenos circundantes*. Aquí, la familia; allá, su fuente: el instante en el que aquella surge de la nada. La familia es *nuestra patria más cara* y cercana. En términos espaciales es la sede de nuestros lazos más ardientes. En términos espirituales es la sede del idealismo más perfecto, vivo e irradiante. Sin embargo, en el nudo donde confluyen esos rayos aparece la oscura e impenetrable mancha de sus misteriosos «engranajes», gracias a los cuales Abram —hasta ayer «ciudadano y filósofo»— se descompone en «padre» e «hijo» y se erige en «padre de muchedumbre de gentes» (Abraham). La muchacha de ayer se descompone hoy en «hija» y «madre». Que ello constituya o no las premisas de la existencia del hombre terrestre, ya es otro aspecto, más exterior y a todas luces menos importante, dependiente y condicionado. Lo que es relevante, e importante, es que tanto la significación como la dulzura de ese instante reposan en *la parte puramente interna y subjetiva de esa autodescomposición* y no en su lado tangible. Con todo, concentremos nuestra atención en la fotosfera. La familia es, por supuesto, una unión «animal» y un punto de conjunción «fisiológica» entre marido y mujer, así como de disyunción de ambos en el plano de una pluralidad también «animal» (los hijos). Es sorprendente que a pesar de esa esencia incontestablemente «animal», la familia tenga además una esencia religiosa y mística también incontestable. Precisamente, esas conjunciones y disyunciones se tornan oscuras en el rostro de «Abram», mientras un «soplo» místico atraviesa a la familia toda para convertirla entonces en una suerte de Abraham multicéfalo, un animal «de múltiples ojos», «colmado de ojos interiores». Es sorprendente y evidente la imbricación de los elementos animal y místico que se produce en el seno de la familia. ¡Cómo se aflige la madre cuando su hijo enferma! ¡Qué celoso cuidado dispensa el marido a la higiene moral de su casa! ¡Cuánto se les exige a los hijos que tengan especial respeto por la religión! Se trata de una religión *incipiente*, se trata, evidentemente, de una *unión religiosa*, de un lazo sagrado, por así decirlo, y todo ello tiene su origen en la oscura e impenetrable mácula de las «conjunciones». La menor contaminación de esa mácula escinde a la familia en lo más profundo de sí misma: se prescinde de los hijos inútiles y se los expulsa, se rechaza a la esposa o se abandona al marido y en todos los casos ambos, marido y mujer, estarán practicando una afirmación de tal fuerza que no tolera negación alguna. Con cuánta frecuencia una esposa que ha conocido la infidelidad de su marido invoca la tumba, con cuánta frecuencia, el marido da muerte a su mujer de la que apenas presume una infidelidad con los ojos llenos de lágrimas de sangre (Desdémona). Pero, ¿en qué le ha sido infiel? A primera vista, parece tratarse de un mero «disparate». Recordemos la profunda aflicción de Pushkin ante las tentativas de arrastrar por el barro su vida privada. Prestemos atención igualmente a la ternura y al calor emocionantes que distinguen el modo de vida familiar y, más generalmente, parental, de nuestro clero, por otra parte apenas tentado por el ángulo romántico del matrimonio y firme en su posición seria y positiva hacia la unión carnal. En la curiosa refutación de la *Sonata a Kreutzer* debida al arzobispo Nikafor, aparece una observación tremendamente justa, a saber, que cuando dos esposos son muy felices comienzan a asemejarse entre sí hasta tal punto que sus rostros comienzan a parecerse. Todo el peso del matrimonio reposa sobre su ritmo «animal». Es precisamente gracias a este que el matrimonio se torna misterioso y místico. De ese ritmo extrae su calidez y su luz. No obstante, si comparamos los

Juegos de Baco y Cypris...

que cantaba Pushkin antes de contraer matrimonio y la posnupcial gravedad que le hace escribir

Los ermitaños padres y las castas mujeres...

nos ganará la sorpresa ante tamaña diferencia en la resultante psicológica suscitada por idénticas pulsaciones fisiológicas. Es este un asunto donde no nos está permitido exagerar o minimizar lo que observamos. Por el contrario, procede que actuemos con prudencia infinita pues estamos abordando el misterio más profundo de toda la existencia humana. Pushkin contrae matrimonio en forma irreflexiva, sin adivinar aún las consecuencias espirituales de ese acto. No es en lo absoluto un hombre religioso. Todo el cambio que estamos en el derecho de suponer que se operó en él tiene su origen en la asunción de un punto de vista diferente, en el ejercicio de una experiencia distinta y más interiorizada de «los engranajes». Involuntariamente, su ligereza de ayer se transmutará en la reflexividad de hoy, y mañana comenzará a buscar otras lecturas totalmente ajenas a sus experiencias previas. Pushkin se «regenera», como él mismo escribió en unos versos maravillosos, y esa fuerza regeneradora se basa en una relación más consciente, grave, atenta y vigilante con las pulsiones que experimentaba su carne. Lo que ha cambiado en él es el ángulo de visión, y ese cambio se produce mucho antes de que nazca su primer hijo, mucho antes de que comience a llevar una genuina vida familiar. Ya vemos que es completamente otro. Lérmontov, quien siempre tuvo la mirada puesta en esos «instantes» misteriosos y en cuya poesía entera se los transfigura y eleva a un rango casi universal, mantiene contra viento y marea una gravedad inalterable:

> *Te daré para el camino*
> Una imagen santa;
> *Tenla siempre delante*
> Cuando eleves tus plegarias al Señor,
> *Y, antes de marchar al combate*
> Recuerda a tu madre...

Estamos ante su descubrimiento interior de la «paternidad». Por supuesto, que se trata de haber descubierto a un padre que es el «padre» poeta, el «padre de multitudes», según la variante onomástica que quiso Dios para Abram, abierto a la voluptuosidad de la madre hasta llegar a fundirse «con su rostro», como anotaba el arzobispo Nikanor. Lo que queremos decir es que en los «instantes» conyugales que siempre dan un hijo o, al menos, son capaces de darlo, hay también una luz mística y espiritual que si concentramos la inteligencia y la imaginación los transfigura y vuelve irreconocibles sus potencialidades, oponiéndolas profundamente a aquello que eran antes. Precisamente, esos «instantes» derraman sobre la parte teórica del espíritu la paternidad del «primer día de la creación» y una «arcana» maternidad. De la misma manera que las madres experimentan fisiológicamente que durante la lactancia la leche les sube «a la cabeza», así mismo en los instantes de esas misteriosas disociaciones uno «pierde la cabeza» y quien ayer cantaba a mañana comenzará a cantar a

Los ermitaños padres...

La muchacha, todavía ayer imbuida de romanticismo y devenida mañana «esposa eminente», ganará en seriedad. Todo ello es tan evidente para cualquier observador que solo escapa a los espíritus más superficiales. En la *Sonata a Kreutzer* hay una maravillosa observación sobre el cómo una semana después de haber contraído matrimonio Pózdnyshev repara de pronto en que su esposa se ha apartado de él sumida en sus pensamientos y cuando él se le arrima para volver «a jugar con ella», ella lo aparta y prorrumpe en sollozos. El sentido de la *Sonata a Kreutzer* permanece todavía oculto. Es sorprendente y a la vez reprobable que el propio autor se negara a descubrírnoslo, visiblemente «desconcertado». El secreto radica en el hecho de que los «instantes» en que se realiza el acto sexual, acompañados de sensaciones castas y religiosas, revelan en nosotros una paternidad y una maternidad primordiales concebidas «a imagen y semejanza» y nos sitúan por vez única, primera y plena en la verdadera estatura del hombre. Y no existen libros ni discursos, ni medio alguno de conocimiento o sensación, que iluminen y profundicen en ese secundario y «lógico» rostro nuestro, dibujando en él aquellos trazos primordiales en forma tan real y poderosa. La esposa de Pózdnyshev prorrumpe en sollozos porque ha visto profanados sus castos presentimientos juveniles. Ella es la «eminente esposa» (Sarai), la que se echa a llorar al percatarse de que su marido no ha comprendido absolutamente nada de la esencia del matrimonio, y constata que para él el enlace no es más que

Los juegos de Baco y Cypris...

y que ya jamás, jamás, él no hará de ella una «justa israelita».

Pero es hora de que interrumpamos esta momentánea digresión y volvamos a Israel.

La bruma densa y luminosa que emana de Israel, donde «el día parece cirro y la noche es semejante al fuego», constituye la luz y la bruma de las articulaciones eternas vistas desde el ángulo religioso en el que las sitúa la «circuncisión». El «sacramento del matrimonio» que para nosotros tiene lugar una sola vez en la vida y cuyo recuerdo se va debilitando con el tiempo es para los israelitas el sacramento de las pulsiones rítmicas que se producen en el seno del matrimonio, *cada uno* de cuyos latidos contiene en sí toda la fuerza del *primero* y está dotado de la estatura específicamente religiosa que nosotros hemos ido desplazando hacia el mero *discurso* sobre el matrimonio. Dicho de otra manera, para los israelitas *el sacramento es la trama de la vida*, el tejido que urde la lanzadera y por cuyos hilos

Obedeciendo altas leyes,
Implacables y eternas,

Cumplimos todos
El ciclo de la vida (Goethe).

La esposa de Pózdnychev, como cualquier otra joven casta u hombre que observara el principio de castidad (recuérdense, por ejemplo, la turbación y el sentido de arrepentimiento que dominan a Levin, el personaje de Tolstói, en vísperas del matrimonio), lo presiente confusamente. Así también entre nuestros sesudos «mercaderes», la novia no sale a bailar la noche de bodas: se encuentra a punto de recibir el sacramento y nada debe distraerla. En general, todos los instintos relacionados con la castidad tienden a la «elevación», y en este punto... Bien, llegados a este punto ya comenzamos a comprender de pronto todo el Oriente semito-camítico.

«El territorio geográfico del Asia anterior es la patria de las tres grandes religiones monoteístas», según aprendemos desde niños en los manuales de geografía. Ello resulta tan curioso que ni siquiera en la edad adulta dejamos de reflexionar sobre el misterio histórico que se oculta tras ese origen. Tomemos ahora otro ejemplo, el de Rafael. Vivía en pleno Renacimiento ateo, época en la que el escepticismo religioso alcanzaba hasta la sede apostólica. Cuando murió el pontífice Nicolás V no se encontró ni siquiera un ejemplar de los Evangelios en sus aposentos. En cambio, coleccionaba manuscritos antiguos y la muerte lo alcanzó rodeado de ellos. Apenas hay razones para pensar que Rafael —y en este punto se carece de cualquier dato biográfico preciso— tuviera intereses diferentes a los de Nicolás V. Y sin embargo, ¿qué pintaba Rafael? Pues, siempre lo mismo:

Te daré para el camino
Una imagen santa...

Toda su obra está dedicada al niño y la madre eternos. Hay en ella una ausencia casi total de figuras masculinas adultas o, en todo caso, son poco apreciables. En ocasiones el niño aparece acompañado de un compañero de juegos. Algunas veces, se aprecian rostros de santos en planos secundarios. En ellos hay siempre algo infantil, algo maternal, como si sus ojos acabaran de abrirse al espectáculo del mundo... Verdaderamente, son carne «con múltiples ojos»... Cuando se examinan con atención los secretos de la pintura de Rafael, se aprecia sin particular esfuerzo que toda ella confluye hacia la *humedad del seno*, siempre visible en las sienes, las mejillas y los labios de esos tiernos rostros. Es ella la que les comunica esa santidad que leemos de manera tan diáfana y evidente en los rostros de los bebés de tres, seis o siete meses, si los observamos cuidadosamente. Si se compara la pintura de Rafael con la de cualquier otro pintor, se aprecia cómo los rostros maternos tienen en ella una preeminencia inefable. Tanta que cuando se vuelven a los niños parece que aún sienten en su seno los latidos de los tiernos corazones infantiles. He ahí lo que ocupa a Rafael, quien, como Shakespeare, extraía sus temas de la lectura de crónicas medievales de las que disponía libremente. Con todo, lo que es indiscutible es que los mismos temas que todavía hoy son fuente de inspiración para muchos artistas no han suscitado en ningún otro pintor la fuerza —por la calidad del dibujo y el dominio del color— que se aprecian en las obras de Rafael. Un Rafael que no quería ni sabía dibujar otra cosa que madres y niños. Así que es evidente que lo que hay de específico en sus composiciones no proviene de la elección de unos temas definidos y concretos, de temas, por así decirlo, «con nombre y apellido», temas *aprendidos*, sino que surge *del ser mismo del artista* que se expresa exclusivamente en *el tema de la maternidad*. Una maternidad que ya podemos llamar, gracias al colorido de sus cuadros, «celestial». Lo que queremos decir es que la «paternidad» y la «maternidad» no son condiciones de naturaleza ordinaria. Su origen no se encuentra en la «roja arcilla » de la que están hechos nuestros huesos y músculos. De hecho es precisamente en las disociaciones subjetivas «padre/hijo» o «madre/hijo», es decir, en el ritmo mismo del matrimonio, donde el hombre se libera de la «arcilla», de la sumisión a los elementos, y regresa a los fundamentos *antiguos* de su ser, a su patria *celestial*... Y algún residuo «paternal» heredado del «primer día de la creación» hace que cuando el matrimonio roce «su flanco» el hombre perciba un estremecimiento, una dulce sensación y unas mutaciones espirituales y místicas semejantes a las que describíamos más arriba. Es así como nosotros alcanzamos a percibir apenas, al entregarnos a la meditación contemplativa, la esencia de ese instante.

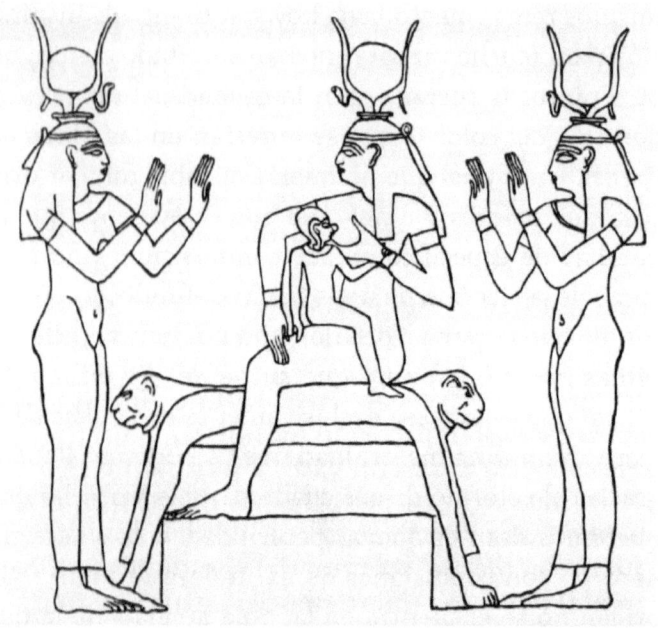

Fig. 9. Un Rafael de hace tres mil años. A semejanza de Rafael, que «oraba» ante el tema de sus lienzos, dos egipcias parecen decirle a la madre que aquí amamanta a su hijo: «Bendita seas, ¡oh, nutriz nuestra! ¡Qué el sol te caliente, como calientas tú al mundo!». Las manos están en gesto de oración, ostentosamente. Esta imagen se repite por doquier en los templos egipcios, nutriéndolos y «endulzándolos», como lo hace el azúcar con el té en el que se derrama.

Pero volvamos a Oriente. Y comencemos por internarnos en el Tabernáculo del Arca de la Alianza, en su Sancta Sanctorum, y examinar el *candelero* que allí se aloja. Veamos cómo Moisés, el «siervo de Dios», transmite la secuencia de su construcción en el capítulo 25 del Éxodo: «Harás además un candelero de oro puro; labrado a martillo se hará el candelero: su pie, y su caña, sus copas, sus manzanas, y sus flores, serán de lo mismo. Y saldrán seis brazos de sus lados: tres brazos del candelero de un lado suyo, y tres brazos del candelero del otro lado: tres copas en forma de almendras en un brazo, una manzana y una flor; y tres copas, figura de almendras, en otro brazo, una manzana y una flor: así pues en los seis brazos que salen del candelero. Y en el candelero cuatro copas en forma de almendras, sus manzanas y sus flores. Habrá una manzana debajo de los dos brazos de lo mismo, otra manzana debajo de los otros dos brazos de lo mismo, y otra manzana debajo de los otros dos brazos de lo mismo, en conformidad a los seis brazos que salen del candelero...». «Y mira, y hazlos conforme a su modelo, que Yo te he mostrado» («mostrado» no con palabras, sino con gestos, y con toda probabilidad, mediante un dibujo sobre el polvo del monte Sinaí).

Hay algo ahí que nos recuerda a las hermanas Rachel y Lea, que rivalizaban entre sí en la procreación y que ofrecieron a su marido, Jacob, a las siervas Bilha y Zilpa, para que estas engendraran (Génesis 30). En la propia configuración del candelabro se esconde una multitud de símbolos, cuya esencia radica en la fecundidad y la natalidad. Echémosle otro vistazo al candelabro: «Y hacerle has siete *candilejas*, las cuales encenderás para que alumbren a la parte de su delantera» (vers. 37). Ahí tenemos a todo Israel como en una miniatura, con su primogenitura en frente como si fuera un candelabro. El «encinar de Mamre» en perpetua germinación, todo hecho «tallos», «ramas», «flores de almendro» y «frutos» (las granadas, que estimulan la fecundidad femenina). Aunque, en contra de lo que sucede entre nosotros, hay *una candileja* en cada punto de la articulación. Aarón entra al santuario vistiendo las vestimentas sagradas, el *ephod*: «Y abajo en sus orillas harás granadas de jacinto, y púrpura, y carmesí, por sus bordes alrededor; y entre ellas campanillas de oro alrededor» (Éxodo 28, 33). Al santuario podrán entrar solo los descendientes de Aarón, aunque no todos, sino solo aquellos que sean *dignos* de ello: «Porque *ningún varón en el cual hubiere falta, se allegará*: varón ciego, o cojo, o falto, o sobrado. O varón en el cual hubiere quebradura de pie o rotura de mano, o corcovado, o lagañoso, o que tuviere nube en el ojo. Hay falta en él; no se allegará a ofrecer el pan de su Dios» (Levítico 21, 18-21). Es algo muy sorprendente: el ministro de Dios debe presentar *un cuerpo intacto y puro*, lo que se funde con la exigencia de la «pureza y la integridad de nuestro acto de fe», o más bien la reemplaza. Pero esa exigencia de pureza e integridad corporal es secundaria: «La principal condición que se exige de un sacerdote es *la pureza de la sangre*. Un sacerdote *no podía estar casado con una viuda*, con *una prisionera, una conversa o una repudiada*.[3] Aún más

---

[3] Aquí, el Sr. Pereferkóvich utiliza un *lenguaje inexacto*: habla de la «pureza de sangre», es decir, de la «raza», los «ancestros», el «origen». Sin embargo, él mismo se refiere más adelante a la «prometida» y la «esposa», quienes nada tienen que ver con la «pureza de la sangre», sino con la «pureza de la cópula»: el control riguroso del lugar y de la persona en los que penetra la simiente del ministro o gran sacerdote. Se vela por la «pureza del receptáculo» y solo después, y dependiendo de esta, surge la cuestión de la «pureza de la sangre».

severas eran las normas que regían para el sumo sacerdote, quien solo podía contraer matrimonio con *una virgen*, cuya genealogía hubiera sido debidamente certificada» (N. Perefer, *El Talmud: historia y contenido*, San Petersburgo, 1897, p. 111). Extraña «teología» esa en la que se enfrascan. Pero son precisamente grandes rarezas lo que la religión nos ofrece a cada paso.

La religión de los hebreos carecía de templos. El «Muro de las lamentaciones» es lo único que ha perdurado de todas las edificaciones hebreas. Las sinagogas son casas de enseñanza y de reunión y están desprovistas de cualquier significación concerniente al culto. Entretanto, ¿en qué consistía exactamente «el culto» en aquel único templo? Pues en eternos sacrificios «purificatorios» celebrados día y noche a demanda de particulares o bien, en ocasiones determinadas, en sacrificios realizados a favor de todo el pueblo. El templo es un lugar de purificación general para las «Doce Tribus». Como si desde él, misteriosamente y en silencio, se dijera: «*Purifícate, purifícate* Israel», «*mantente sano ahora y siempre*», «no te dejes ganar por *ningún mal, por pequeño que sea*». Es como si en la *falta de atractivo del cuerpo* hubiera algo que repugnara a los ojos de Aquel que concedió la alianza: ¡cuán presente está la idea de la circuncisión en esa repugnancia! «*A los malsanos*, Yo no los quiero». Bien claro está.[4] La idea de

---

[4] Cosa notable esta y que revela, de hecho, la significación providencial de Israel. Todo «cadáver», todo «cuerpo muerto», es considerado por los hebreos, desde Moisés hasta el día de hoy, fuente y prototipo de la «impureza». Para el Talmud, un cadáver es «el padre de los padres de la impureza», o mejor, «la fuente de las fuentes de la impureza». Si no fuera por la pobreza

la religión nos sugiere de inmediato la idea de la *confesión*: la religión es la *profesión oral de un conjunto de nociones*. Para los hebreos, por el contrario, la religión es una serie de actos que se realizan casi en silencio,

---

de imaginación que padecen los hombres de ciencia, ¡cuántas ideas no habrían surgido de este hecho único, estos principios y esa ley surgida «en las laderas del Sinaí»! Volvamos otra vez a la disposición del candelabro en el Tabernáculo y examinemos el principio que rige los tratos con un «cadáver»: ¿qué encontramos en el otro extremo, en el polo opuesto del «cuerpo muerto»? Pues nada menos que la *formación* del cuerpo, es decir, su *concepción*, que representa el momento de mayor comunión e inspiración en que se involucran un padre y una madre. Si bien es cierto que la Biblia no lo menciona explícitamente, uno puede concluir, si repara en el «fulgor», el súbito «alumbramiento» y el eterno júbilo que acompañan al acto de concepción que este constituye para Israel «el padre de los padres de la *pureza*». En el ritual que lo acompaña, conservado aún hoy en día, se aprecian las huellas de esa manera de ver el mundo. Por ejemplo, a la esposa que no se ha sumergido ya en el agua de la «sagrada *miqhva*» (una suerte de baño que se toma en común), es decir, *que no haya purificado su cuerpo*, le está vedado acercarse a su marido. De la misma manera, una prometida, y se entiende que hablamos de una joven en apariencia perfectamente pura, no puede unirse a su futuro esposo sin practicar esa inmersión previa. A propósito de esta curiosa exigencia véase el hermoso ensayo de Litvin, titulado «El matrimonio de Rebeca». Hay otro hecho aún más curioso: antes de que se verifique el matrimonio se cortan todas las partes córneas del cuerpo de la futura esposa, por ejemplo, se le cercenan las uñas a ras de piel, a expensas de que se le ocasionen heridas: *«por ellas no corre la sangre»*, es decir, «no están vivas» y, en apariencia, son «cadáveres». Ese convencimiento da pie también a que se le prohíba a los sacerdotes *ingresar al santuario vistiendo piezas de ropa hechas de lana*, compuestas, por tanto, de *fibras animales*. Dios no puede sentir el olor que desprenden los cadáveres, porque Él es el «Padre, dispensador de vida».

casi sin explicaciones, pero marcados siempre por el ritmo de las oraciones. Y la realización de esos actos, por cierto, antecede a la oración. Son precisamente esos «actos» los que conforman el ritual cotidiano y anual de los hebreos, su modo de vida: el «*shabbat*», la «neomenia», la «purificación» y, sobre todo, la «circuncisión», que es centro y fundamento de todo lo demás. Es evidente que para ellos la religión es el pulso de la vida. Entre nosotros, en cambio, no es más que una «forma de pensamiento», algo que resulta no menos evidente que lo primero. La gran divergencia entre los pueblos arios y los semito-camíticos salta aquí a la vista. Los arios son un pueblo de la *expresión lógica*. Digámoslo con mayor exactitud: los arios expresan en la historia el *segundo rostro humano* —de naturaleza reflexiva, lunar—, fuente de las «ciencias», las «artes», el «estado», la «ciudadanía». Entre los arios el orden dictado por la *palabra* aparece por doquier y si intervienen las cosas lo hacen expresándose por medio de la palabra, en relación con la palabra, transfiguradas por la palabra, «por ella y en ella». Si se nos permitiera la ligereza tratándose de tema tan grave, diríamos que los arios portan su idea o misión «sobre la punta de la nariz, que levantan con orgullo» y que nada les ha preocupado más que conseguir que nadie enganche a otro por la nariz cuando le pase al lado. He ahí el origen y el síntoma de un orgullo individual y espiritual. La revolución y la reforma, fenómenos típicos por excelencia de la historia europea, fueron conflictos de «símbolos» profesados, de palabras profesadas, luchas y sangre vertidas a causa de «esas narices llevadas en lo alto». Estamos bromeando, sí, pero aquí hay una parte de una verdad eterna y el lector podrá fácilmente extraer de estas cortas líneas materia para largas reflexiones en un tono más serio. Los pueblos semito--camíticos han centrado su ideario y su misión en torno a la circuncisión (también los fenicios se hacían circuncidar. Cf. Heródoto, libro segundo), es decir, alrededor de una *puesta al desnudo* del hombre. Y, si me puedo permitir la comparación, las han centrado en el «rostro humano», allí donde este está precisamente ligado a la «paternidad» y la «maternidad» en tanto aspectos humanos primordiales y principales contenidos en lo más profundo de nosotros, en lo que «no es de este mundo». Ellos carecen de nuestras «ciencias» y no han deseado poseer nuestras «artes». Rechazan declaradamente cualquier forma de «estatismo». Son los *tejedores de la vida misma*, misteriosos *creadores de vida*. Sin embargo, *todo* eso lo han conseguido bajando a profundidades absolutamente inaccesibles a los arios y —podemos estar seguros de ello— en un plano de auténtica verdad. Las profundidades de la «circuncisión» permanecen ocultas a los arios. A lo que hemos tenido acceso es a las simas de la filosofía, las ciencias, el derecho, la vida social. Pero nada nos cuesta tomar conciencia de que todos nuestros arcanos no hacen más que flotar sobre la genuinamente profunda verdad semito-camítica. Y si el *Discurso del método* de Descartes es en verdad admirable, el propio Descartes «*engendrado*» y «*engendrador*» lo es *más aún*.

Una religión del ritual y la «purificación» es una religión del *tejido vital*, de la cadena urdida

Obedeciendo altas leyes,
Implacables y eternas...

Nos vestimos con ese tejido, hacemos uso de él. Incluso damos algunas puntadas a ese género, pero nuestra mirada superficial no alcanza a ver hasta qué punto es «profunda» su trama, desconoce su «bondad». No hacemos más que liar la lanzadera; no hacemos más que atar y desatar nudos, que rasgar. Y sin embargo de pronto...

De pronto, las «cumbres» siro-fenicias adquieren una luz nueva para nosotros, se nos torna comprensible Salomón «quemando perfumes en las alturas» y comprendemos a la hija de Jephté que se va a llorar «su virginidad» precisamente a las «montañas», como si marchara a fundirse con esas «cimas» que existieron desde la creación del mundo. «Y ella nunca conoció varón», nos hace notar el cronista, como si al permanecer virgen hubiera dejado caer y derramarse el contenido sagrado de un pacto...

Cuando ondula el prado ganado por el oro...
Y cuando el plateado lirio *me saluda...*
...entonces veo a Dios...

He ahí la reacción actual, la nuestra, ante Israel. De la misma manera que Rafael reacciona a las «alturas» y su obra es una manifestación de ellas, también lo son las esperanzas frustradas de Pózdnycheva, cuando estalla en sollozos porque nunca «se elevará a las alturas de la felicidad conyugal». Toda el Asia anterior, Siria, e incluso el Delta del Nilo, constituyen un

Fig. 10. Imágenes de egipcios en forma de querubines. Esta imagen, extremadamente rara, aparece en el infolio 12 de la expedición del Gobierno prusiano a Egipto y Etiopía, 1842-1845, bajo la dirección de Richard Lepsius.

Fig. 11. Representación de un egipcio alado (muy abundante en los templos).

Fig. 12. Representaciones caldeas aladas (tomadas de un sello babilonio de forma cilíndrica).

Fig. 13. Representación fenicia alada (tomada de una moneda de la ciudad marítima de Byblos).

territorio todavía virgen para los historiadores, un espacio dotado de una «elevada» comprensión del ritmo vital del sexo. Y se trata, al mismo tiempo, de países donde se encendieron las primeras «lámparas» en la más remota antigüedad, cuyos destellos extendieron la luz de la religión por todo el orbe. Preguntémonos entonces el porqué dentro de un cuadro geográfico definido se eligieron precisamente las «alturas» para celebrar los «sacrificios». No cabe duda de que todo aquel que alguna vez haya mirado a un valle desde un promontorio ha experimentado una sensación extraña, pero netamente psíquica, de *ligereza*, casi de *levitación*, como si el ser adquiriera una súbita condición «alada».[5] Raramente encontramos en la Biblia la idea de una vida de ultratumba, de una recompensa o de un castigo: ¡la muerte misma es tan ligera! «Y exhaló el espíritu, y murió Abraham en buena vejez, anciano y lleno de días, y fue unido a su pueblo», se describe la muerte de Abraham. No menos extraña es la casi total ausencia de la idea del «pecado» o, al menos, de cualquier cosa penosa que arrastre hacia abajo, de cualquier cosa «mortal». Los propios delitos, a veces horribles en su fiereza, tienen siempre algo «aéreo» o que los disipa con facilidad. Solo hay *una cosa*, de hecho, que se condena, y se la condena *siempre*, a saber: *acortar la vida*, es decir, el homicidio. ¡¡¡Es tan atroz la manera en que el homicidio destruye la idea de la

---

[5] De donde, y una vez más a partir de la idea de las «alturas» y de la «elevada» concepción del matrimonio, proceden los seres «alados» y las diversas representaciones «aladas» aparecidas en Egipto y Babilonia, antes de que lo hicieran en cualquier otra parte.

circuncisión-procreación!!! Todo el resto se le perdona al hombre y la procreación, por ejemplo, está presente por doquier con toda libertad. La misma procreación que adquiere entre nosotros una «dimensión pecaminosa» y en consecuencia es merecedora de un «justo castigo». Todo ello ocurre en derredor de una existencia tan extrañamente aliviada, en derredor de las lámparas, de las miríadas de lámparas: ¡¡¡tal parece que *el cielo bajara a la tierra* y que las estrellas quedaran suspendidas por encima, dentro y alrededor del Tabernáculo!!! Reparemos en un hecho de veras asombroso: las luces no solo se encendieron en Israel, sino en todo el *amplio ámbito de la «circuncisión»* y es así que leemos, por ejemplo, enormemente sorprendidos, en Heródoto: «Cuando se reúnen en la ciudad de Sais, en la noche del sacrificio, encienden todos muchas lámparas al aire libre alrededor de sus casas. Las lámparas son unos platillos llenos de aceite y sal, en los cuales sobrenada la mecha que arde la noche entera. Esta fiesta se llama la Candelaria. Los egipcios que no concurren a esta fiesta observan la noche del sacrificio, y todos encienden también lámparas, de modos que no solo arden en Sais, sino por todo el Egipto. Hay un relato sagrado sobre la causa que ha deparado a esta noche sus luminarias y sus honras» (Libro segundo, cap. 62). Cualquiera que sea el contenido de ese texto sagrado, nos deja saber que la religión del loto en flor era también religión del «almendro en flor»[6] y que la fórmula

---

[6] Cf. Diodoro de Sicilia (III, 58-59), Pausanias (VII, 17), Estrabón (5, 3), que recogen las leyendas orientales más características, precisando que «los frutos del almendro y la granada

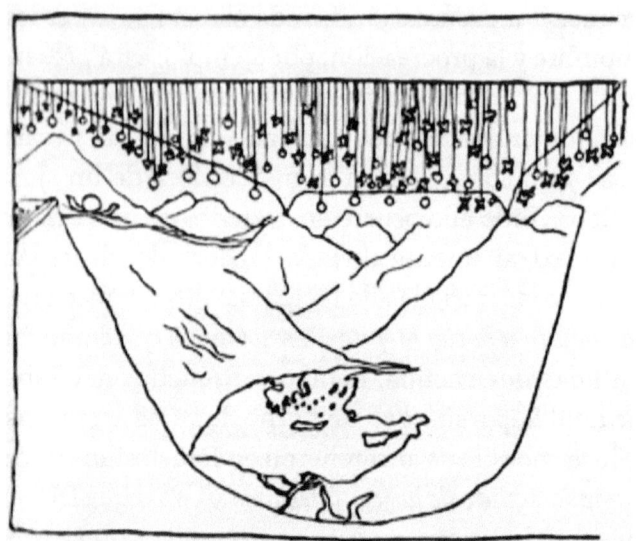

Fig. 14. Representa el cielo, tal como lo concebían los egipcios. En la parte interior del dibujo se puede ver el Delta del Nilo, es decir, Egipto, la península de Sinaí y, algo más lejos, Siria. Un poco más arriba, el Mediterráneo baña el Asia Menor, Grecia, Chipre y la isla de Creta. Ese era el mundo que conocían los egipcios. Por encima de esas «historia y geografía antiguas», se alza un cielo igualmente antiguo, semejante a una «fortaleza» o una «bóveda», por el que discurre el Nilo celeste, que surca a diario en su barca sagrada, el Sol, el sabio regulador del mundo, también llamado Ra. Pero, «más allá», esa bóveda solar está recubierta por una segunda bóveda, la estelar. Al examinarla, descubrimos de pronto entre las estrellas unos pequeños círculos que no son más que lámparas. La idea de usar lámparas en el culto y de situarlas en el interior de los templos proviene, al menos en parte, del deseo de reproducir en un lugar santo ubicado en la tierra, aquello que es la cumbre de la creación, es decir, las estrellas. Por otra parte, la inclusión de lámparas (los pequeños círculos) en la representación del cielo es una manera de reconocer tácitamente que cuando oramos «elevamos siempre las manos al cielo», como si allá arriba hubiera «un templo invisible» que nos asiste en las cuestiones terrenales. Recordemos el «Bendito sea Dios, creador de la luz».

«Bendito sea Dios, que ha creado la luz» resuena en Vilnius de la misma manera que lo hacía en Sais. Veamos a Tobías, originario de Nínive: puesto en camino, un ángel lo instruye sobre la «verdad» del matrimonio y, una vez más, nos topamos con las lámparas: «Toma el hígado y el corazón del pescado, y colócalos sobre las brasas en que se quema incienso. El olor se esparcirá; y cuando el demonio lo huela, saldrá huyendo y nunca más volverá a su lado. Y antes de que te unas a ella, levántense primero, hagan oración y pídanle al Señor del cielo que tenga misericordia de ustedes y los proteja» (Tobías 6, 17-18). Se trata de una oración y en cierto modo del inicio de un ritual, cuya conclusión encontramos en otra extraña anotación de Heródoto: «sus endechas [funerales] son parecidas a las del Egipto. *Todas las veces que un marido babilonio tiene comunicación con su mujer, quema incienso* y se sienta al lado, *y lo mismo hace la mujer* sentada en otro sitio» (Libro primero, cap. 198). Tanto el concepto como el sentimiento son diametralmente opuestos a las «bajezas» de nuestras reacciones.[7] Con todo, es otro el

---

simbolizan *la fecundidad de los órganos sexuales masculinos y femeninos».*

[7] Cf. «Los bandidos», de Schiller, y en esa pieza un razonamiento de Franz Moor que alcanza no solo a sus bandidos: «¿Qué es un padre? ¿Quién soy yo? Para él aquello no era otra cosa que *un momento bestial*, sobrevenido después de una borrachera...». Allí no aparece dicho así, literalmente, pero recuerdo muy bien que siendo todavía un joven alumno de Liceo, fui a ver esa pieza y me impresionaron enormemente esas palabras. Y he de confesar que fui, entonces, presa del horror y rechacé esa idea. Lo que vale la pena subrayar es que Franz Moor *encierra a su padre en la torre del hambre*, es decir, que la *falta absoluta de piedad filial*

asunto sobre el que queremos atraer la atención del lector aquí. A saber que el fragmento de Heródoto y el fragmento de la Biblia se reúnen, merced al texto omitido de sus páginas, en un solo y único folio: el rito, el espíritu y la «elevación» de los sentimientos que envuelven un mismo instante son idénticos en ambos.

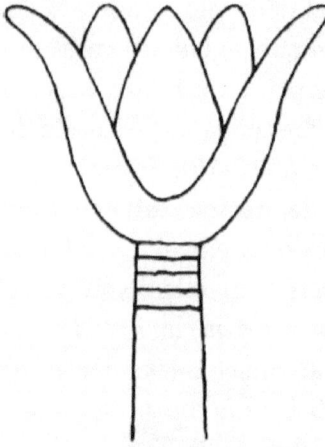

Fig. 15. Capitel de columna egipcia en forma de loto.

Ello nos permite una mejor comprensión de la idea que preside la construcción del templo de Babilonia: una sensación «aérea» de luz que envuelve en nubes de incienso la vida privada de Tobías y los babilonios, elevándose todos cada vez «más y más alto» para crear finalmente... Pero cedámosle en este punto la palabra

es inseparable de una imagen «inferior» del sexo, de la misma manera que el «Honra a tu padre y a tu madre» de los israelitas no es más que la prolongación de los ritos que envuelven los lances sexuales en «perfumes», «incienso» y «lámparas».

a Heródoto: «Este templo, que todavía duraba en mis días, es un cuadrado de dos estadios de largo. En medio del templo está construida una torre maciza que tiene un estadio de largo y otro de ancho. Sobre esta torre se levanta otra, y sobre esta una tercera, hasta llegar a ocho torres. La rampa que lleva a ellas está construida por fuera en círculo alrededor de todas las torres, y a la mitad de la rampa hay un rellano con asientos para descansar, donde se sientan y descansan los que suben. En la última torre se encuentra un gran templo y dentro del templo hay una gran cama muy bien puesta y a su lado una mesa de oro. No está colocada allí estatua ninguna, y no puede quedarse de noche persona alguna, fuera de una sola mujer, hija del país... Dicen estos mismos [los caldeos] (dicho que para mí no es creíble) que viene por las noches el dios mismo y reposa en la cama» (Libro primero, caps. 181 y 182). Nada comprenderemos aquí hasta que no volvamos la vista a Tobías o al *Banquete* de Platón con sus palabras agitadas, temblorosas y fragmentarias a propósito de la «Afrodita celeste», es decir, de la comunión cósmica en la que

> *Obedeciendo altas leyes,*
> *Implacables y eternas,*
> *Cumplimos todos*
> *El ciclo de la vida...*

o hasta que, por fin, no tomemos enteramente en cuenta la distinción que nosotros mismos hemos establecido entre un orden *expresivo lógico* y un orden emanado del *tejido vital*. Dicho en otras palabras: esos instantes son, en esencia, «*idées innées*», como la «idea innata de Dios» en Descartes, pero que trasplantadas a la gama semito-camítica dejan de ser «ideas *innées*» para convertirse en parte del «tejido existencial *innée*» que compone el fundamento de esas ideas. Tomemos el «templo de Belos» en la «antigua Belos». Ese templo equivale al *De substantia* de Descartes. Ni más, ni menos... Se trata de *la misma cosa*, sin que quepa delimitación alguna. En términos «intelectuales" nos hemos desarrollado hasta alcanzar el nivel de los grandes sistemas teológicos, hasta llegar «a ver el todo en Dios» (Berkeley, Malebranche). El Oriente se ha desarrollado «seminalmente» hasta *comprender sensorialmente* lo sagrado y, finalmente, hasta llegar a comprender la cualidad celestial, la teurgia cósmica que se produce en el acto de creación del propio «rostro humano» que mucho más tarde, milenios después, cobrará expresión —y ha conseguido efectivamente ganar esa expresión— en las «teologías». Querríamos llevar estos fenómenos a la realidad grosera de lo cotidiano, dejar que los iluminen los hechos que nos envuelven en forma inmediata, para que esos mismos hechos sean el prisma que nos devuelva la luz antigua con un esplendor aún más prístino. Examinemos el caso de Levin, el «impuro»: cuánto se turba, asustado, al alcanzarle a su cándida prometida el cuaderno que contiene sus confesiones. Dicho de otra manera, Levin aspira a alcanzar una cierta «pureza» en su ritmo vital. Pero, ¿qué es lo que había hecho antes? ¿De qué se confiesa ahora? ¿De qué huye aterrorizado para hundirse en el «matrimonio» como en un «sacramento»? La *Casa de citas*: ella constituye el polo inverso, lo opuesto al *templo*. Antes de su matrimonio, Levin había encontrado el punto de referencia para su ritmo sexual en la casa de citas, un ritmo sexual que Babilonia situaba en el templo. He ahí los dos polos: Oriente y Occidente, cada uno en su posición respectiva. *¿Qué es lo que hace entonces* Levin arrepentido, tembloroso y presa de la duda? ¡¡¡Se está encaminando por los *primero- -tercero-quintos* peldaños «primordiales» del templo de Babilonia!!! El sexo no puede ser revelado «si no es *dentro del matrimonio*», es decir, en contraposición a la casa de citas y en una «*altura*» que no es otra que la siro-fenicia. No puede ser revelado *más que en la unión con una joven inocente, amada y amante a la que nos unan lazos profundamente morales*: es decir, que el sexo busca un *lugar puro y libre de mácula* (véase a los hebreos, en especial a los sacerdotes). Finalmente, el sexo aspira a crear y crea efectivamente una *familia*: esta constituye ya en sí misma un lugar «sagrado» en comparación con la promiscuidad femenina de la casa de citas. La «familia» y el «matrimonio» constituyen indudablemente la réplica exacta de los «peldaños» y los «bancos de reposo», tal como estos fueron *concebidos* y *realizados* en el templo de Babilonia. Todavía hoy la atracción sexual continúa reposando, al menos para todos los que desconocen la perversión, en el matrimonio celestial, es decir, en el sentimiento de la *realidad cósmica* en la percepción del ritmo conyugal, en su pureza y, en definitiva, su santidad. ¡Cuánta seriedad dedican hoy a la atracción sexual las muchachas, es decir, la mitad del género humano *que todavía observa* *la castidad!* La atracción sexual que se produce fuera de la familia, sin amor ni respeto, asusta y estremece a la joven casta. En otros términos, el hombre, *en la medida en que conserva su inocencia*, continúa ocupando el grado relativamente más alto de la escala de valores que representa el antiguo plan de aquel templo. Y, por consiguiente, dicho plan es absolutamente inasequible solo para aquel que vive en la perversión y ha muerto en ella.

Ahí tenemos la «respiración del Oriente» que se repite *en la biografía de cada uno de nosotros*. Penetremos en una casa «familiar» y encontraremos algo fenicio en su disposición interna. Todas las piezas destinadas a recibir, la parte de gala del apartamento a la que entramos cuidadosamente vestidos y en la que nos prodigamos en discursos cuidadosamente elaborados están decoradas con lámparas de cristal y candelabros, pero no percibimos en ellas la necesidad de colocar *iconos* o *imágenes piadosas*. Estamos en una vivienda «en tanto habitáculo», no en una vivienda «en tanto sede de la familia». Y sin embargo al entrar comenzamos a buscar precisamente *la familia, el calor de la familia*, ese calor animal genuinamente maravilloso y místico. Solo si tenemos intimidad con los dueños de la casa, es decir, si gozamos de su total respeto y, sobre todo, si confían en nuestra pureza moral, en que nuestros pensamientos y nuestro corazón no estén contaminados, nos permitirán penetrar en las profundidades de la vivienda, allá donde las habitaciones son más pequeñas, más oscuras, menos sometidas al orden, y solo al amigo verdadero, aquel con el

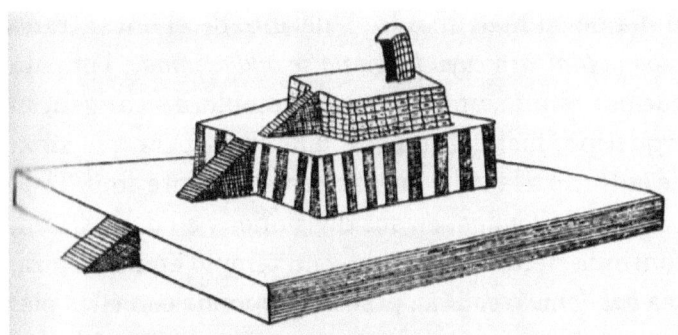

Fig. 16. Modelo de santuario caldeo. Aquí se representa el de la ciudad de Ur, de donde partió Abraham. En lo más alto hay una capilla en la que se puede ver «una gran cama muy bien puesta y a su lado una mesa de oro. No está colocada allí estatua ninguna, y no puede quedarse de noche persona alguna, fuera de una sola mujer hija del país, a quien entre todas escoge el dios, según refieren los caldeos, que son sacerdotes de ese dios. Dicen estos mismos (dicho que para mí no es creíble) que viene por las noches el dios mismo y reposa en la cama» (tomado de Heródoto, I, 181-182).

que siempre se puede contar, lo conducirán hasta la antecámara del dormitorio, donde un caos de niños remolones se agita ante la madre «vestida de casa». Nos encontramos ahora en el «alma» de la casa y aquí sí que nos topamos con *lámparas e iconos*. Nos percatamos de que todo está dispuesto «a la manera egipcia», ya que también en Egipto los templos se iban reduciendo, «menguaban», y en la última y minúscula habitación nos encontrábamos con el «animal», una de las manifestaciones de la «vida». En la alcoba, a la que ni al amigo de marras se permite ingresar, se sitúa obligatoriamente el «icono bendito», aquel con el que «fueron bendecidos» los esposos por sus padres el día de su matrimonio. Y delante de él encontraremos *la lámpara cuyo fuego no se apaga jamás*; lámpara que nos remite, una vez más, al templo, a su origen, su arquetipo, instintivamente iluminada para que sirva de entorno a la vida que nace precisamente aquí. Toda *casa* y toda *familia*, en sus divisiones y su disposición, continúa siendo todavía hoy un templo en miniatura, sea *babilonio* o *egipcio*, ¡y se corresponde con ellos plenamente en espíritu! Tenemos aquí, pues, la evidencia de cómo se reproduce el *ordenamiento de la historia* en el *ordenamiento del hábitat*. El Asia semito-camítica fue el «corazón», la «parte anterior», del campo de acción de la historia universal, su parte *íntima*, *profunda*. En ella se desarrolló el gran «vientre», que realizó verdaderamente el sentido sagrado de la «procreación». Ella la «sublimó» y la rodeó de lámparas. Por primera vez en la historia elevó el *humo ritual del incienso* y descubrió la *melodía de la oración*. Ella nos enseñó a todos qué son la «maternidad» y la «paternidad» y de la misma manera que nos lo enseñó a nosotros, se lo enseñó a Pushkin o a Rafael. «Bendito seas, Tú que has creado la luz» se dice de la misma manera en Sión, en Memphis, en Babilonia o en Moscú. Comprendemos el significado de «las flores de almendro abiertas» que había en el Tabernáculo, el de las flores de loto floreciendo en Sais o en Heliópolis. Habiendo echado en el olvido ese «vientre» envejecido, cerrado y ya estéril, nosotros hemos extraído de él casi toda la melodía de nuestros cantos litúrgicos, la «elevación de las manos» hacia el cielo y hemos transformado todo ese acervo en «un medio de expresión lógica», en «nombre», «palabra», «λόγος». Mas, volvamos una vez más a la antigüedad.

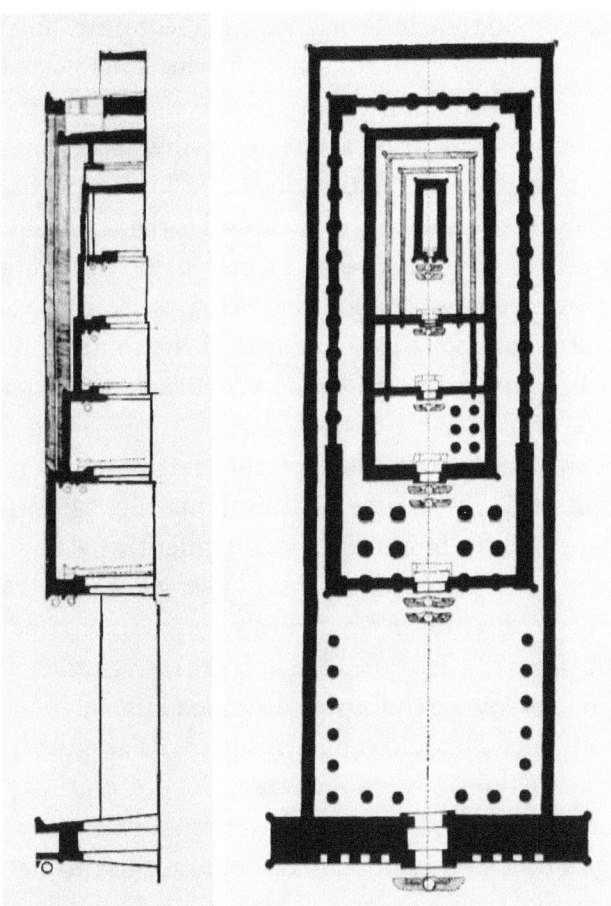

Fig. 17a. Sección lateral de un templo egipcio. Mientras el techo desciende, el suelo se eleva progresivamente.

Fig. 17b. Sección cenital de un templo egipcio. Los círculos designan las bases de las columnas.

Considerados desde este punto de vista, los detalles más ínfimos del «vientre sagrado» de Asia se iluminan ante nuestras narices, los puntos extremos se reúnen, las costumbres separadas por milenios se funden en un todo indisociable. Y los «comportamientos» y «códigos» cuyo contenido salvaje solía pasmarnos, alcanzan de pronto un sentido claro y prístino, totalmente contrario al que le atribuíamos antes. Anotemos algunas ilustraciones que lo demuestran. Aún hoy en día, salvo en muy contados casos, el celibato es raro entre los hebreos y en ese pueblo de indefectible luz carnal es raro que encontremos «solteronas», «mujeres abandonadas» o «engañadas», como es raro toparnos con «mantenidas». La institución del «levirato» —inconcebible entre nosotros—, que establece que la viuda joven ha de contraer matrimonio con el pariente más cercano de su difunto marido, garantiza la maternidad a la mujer de Israel, mientras esta permanezca fértil. *Los hebreos y la familia* y *la hebrea y los hijos* son conceptos inseparables y, ay, ¡cuán separados están ya entre nosotros! Para nosotros, en cambio, inseparables son los conceptos de «ciudadano» y «persona instruida», cuando somos incapaces de asegurarle a cada joven que encontrará un marido, por mucho que le garanticemos que recibirá la «enseñanza elemental obligatoria». Se la imponemos como un hecho natural, normal y, en consecuencia, posible. Traslademos ahora esa imposición del orden desde la expresión lógica al orden del tejido vital y tendremos el «levirato». Comprenderemos entonces por qué se lamenta el cronista de la suerte de la hija de Jephté, «Y ella nunca conoció varón», y se nos aclarará también esta página de Heródoto: «Las costumbres establecidas entre ellos son las siguientes y a mi parecer esta es la más sabia. En cada aldea, una vez al año, se hace lo siguiente:

reunían cada vez cuantas doncellas tenían edad para casarse y las conducían a un sitio; en torno de ellas había una multitud de hombres en pie. Un pregonero las hacía levantar una tras otra y las iba vendiendo, empezando por la más hermosa de todas. Después de venderse esta por mucho oro, pregonaba a la que

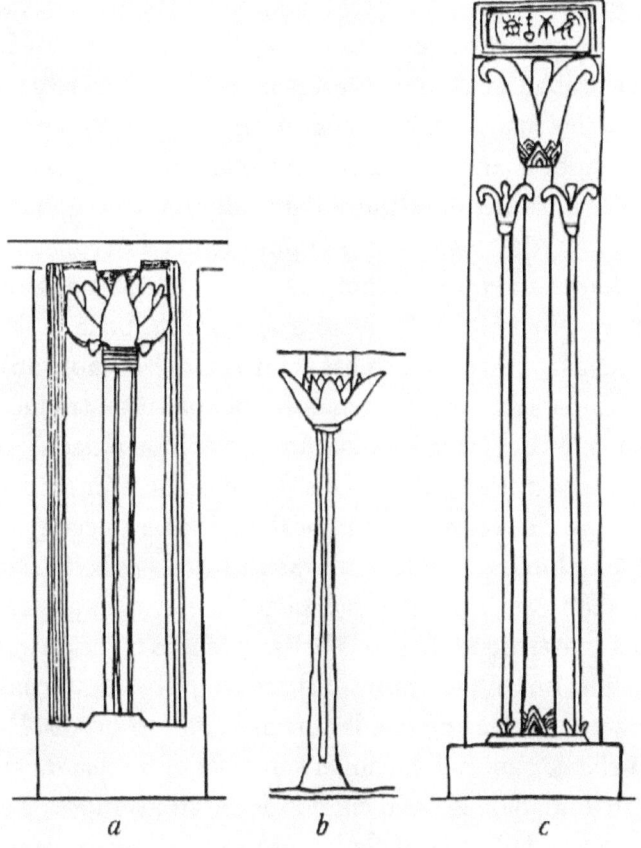

Fig. 18. a) Columna de templo egipcio; b) Columna de templo egipcio; c) «Almendro en flor» en el interior de un templo egipcio (columna).

seguía en hermosura, y las vendían para esposas», es decir, deducimos que se las «entregaba en matrimonio» y no nos queda ninguna duda de que esta extraña costumbre venía precedida de transacciones, acuerdos, y hasta de un cortejo amoroso que encontraba en ese instante su conclusión. Continúa Heródoto: «De este modo los babilonios ricos que estaban por casarse, pujando unos con otros, adquirían las más lindas. Pero los plebeyos que estaban por casarse y para nada necesitaban una buena presencia, recibían dinero y las doncellas más feas. Pues cuando el pregonero acababa de vender a las más hermosas hacía poner en pie a la más fea o a una deforme si había alguna, y pregonaba quién quería casarse con ella por menos dinero, hasta adjudicarla al que la aceptaba con la menor suma. El dinero provenía de las hermosas y así las bellas colocaban a las feas y deformes» (Libro primero, cap. 196). He ahí la «enseñanza elemental obligatoria» traducida a la ley del «vientre sagrado». La «deformidad» y la «fealdad» que entre nosotros despojan de humanidad el rostro de la joven no implicaban nada especial para los babilonios, quienes, *a expensas de la colectividad*, la daban «en matrimonio», luego, la elevaban al altar de la maternidad. Las más bellas y felices ofrecían sus medios, imbuidas de un sentimiento puro y fraternal, para que las feas no quedaran «privadas de su rol». He ahí el calor animal, he ahí el «amor» que se respira en la intimidad de la casa, allí donde están los niños, y el desorden de la alcoba, la lámpara y el dosel. Se trata de la misma inquietud, del mismo cuidado, que hemos visto en el «levirato» de los hebreos. Puede que el

cuñado sea feo o desgraciada, e incluso vieja, la cuña-
da, pero habrá de ser madre, sea en Sión o Babilonia
antes o ahora en Vilnius. La ley es una, y únicos son
también el modo en que se manifiesta y la «disposición
de espíritu»: «Sigue en sabiduría esta otra costumbre
que tienen establecida. Sacan los enfermos a la plaza,
pues no tienen médicos. Se acercan los transeúntes al
enfermo y le aconsejan sobre su enfermedad, si alguno ha sufrido un mal como el que tiene el enfermo
o ha visto a alguien que lo sufriese; se acercan y le
aconsejan todo cuanto hizo él mismo para escapar de
semejante enfermedad, o cuanto vio hacer a otro que
escapó de ella. No les está permitido pasar de largo sin
preguntar al enfermo qué mal tiene» (Libro primero,
cap. 197). Esa es la verdadera fraternidad: el calor del
establo donde nadie padece frío. Se trata de un amor
verdadero, porque es un amor real y un amor carnal.
«Oh, si pudiéramos concebir una ciudad en la que todos los ciudadanos *estuvieran ligados por un sentimiento carnal: tal ciudad sería invencible*, porque cada uno
estaría dispuesto a morir por el otro», exclama Platón
en *El Banquete*, bajo los efectos de la presciencia y la
emoción. Pues resulta que tal ciudad existe. Esa ciudad
es Israel y se trata, en efecto, de una plaza invencible
toda vez que «está prohibido» en ella «pasar de largo
sin preguntar al enfermo qué mal tiene», así como que
una israelita se matrimonie con un «forastero», mientras que, al mismo tiempo, a cada una se le garantiza
un marido «propio». Está claro que se refieren a una
unión carnal y, hablando en propiedad, al «levirato»:
aquí se trata en secreto de la historia toda de Israel en

una forma rarificada, transparente, apenas perceptible, aunque bien real: la unión carnal flota sobre las Doce Tribus. Ahora podemos comprender la ley del «bosque sagrado».

¿Quién era Rebeca, la mujer de Isaac? Era una *caldea*. «Irás a mi tierra y *a mi parentela*, y tomarás mujer para mi hijo Isaac», le dice a su fiel siervo el *caldeo* Abraham, colono originario de la ciudad de Ur (hoy un punto geográfico de la Mesopotamia que conocemos con toda precisión). «Bebe, señor mío; también para tus camellos sacaré agua, hasta que acaben de beber» (Génesis 24), le dice Rebeca al siervo perplejo que espera a su lado. Ella está cumpliendo con el mandato de

Fig. 19. Escena de la vida cotidiana de los caldeos.

la ley del «bosque sagrado» de la que habla Heródoto: «La costumbre más infame de los babilonios es esta: toda mujer natural del país debe sentarse una vez en la vida en el templo de Milita y unirse con algún forastero. Muchas mujeres orgullosas por su opulencia, se desdeñan de mezclarse con las demás, van en carruaje cubierto y quedan cerca del templo; les sigue gran comitiva. Pero la mayor parte hace así: muchas mujeres se sientan en el recinto de Milita llevando en la cabeza una corona de cordel; las unas vienen y las otras se van. Quedan entre las mujeres unos pasajes tirados a cordel, en todas direcciones, por donde andan los forasteros y las escogen. Cuando una mujer se ha sentado allí, no vuelve a su casa hasta que algún forastero le eche dinero en el regazo, y se una con ella fuera del templo. Al echar el dinero, debe decir: "Te llamo en nombre de la diosa Milita". Como quiera que sea la suma de dinero,[8] la mujer no la rehusará: no le

---

[8] Los hebreos no cuentan, e historiadores y teólogos han carecido de la perspicacia para adivinarlo, que «la manera más antigua que tenían de contraer matrimonio» continúa siendo al día de hoy la mención del «con esta moneda te tomo como mujer, según la ley de Moisés». Si la joven acepta la moneda se da por hecho el matrimonio, se convierten en marido y mujer, sin que medien cualesquiera otros ritos o formalidades. Dada la forma en que se contrae matrimonio («con esta moneda»), así como por la naturaleza misma de hecho consumado, mediante un sencillo «acuerdo entre dos», fórmula sencilla donde las haya, es indiscutible que ese acto religioso (la fórmula es sagrada, sacramental, como si nosotros dijéramos: «*en nombre de Yaroslav el Sabio, y según la Ley rusa*»), ese trámite sagrado, que es, en definitiva, para los hebreos el contraer matrimonio, es una consecuencia directa de la prostitución sagrada babilonia. Aunque, por cierto, la repugnante palabra «prostitución» pertenece

está permitido, porque ese dinero es sagrado; sigue al primero que le echa dinero, y no rechaza a ninguno». Verificada la unión, la mujer vuelve a casa «y desde entonces», anota el atento historiador tras interrogar seguramente a muchos lugareños, «por mucho que le des, no la ganarás» (Libro primero, cap. 199). Tal es la costumbre que debieron seguir las madres de Abraham y de Rebeca. «Entonces dejaron ir a Rebeca su hermana, y a su nodriza, y al criado de Abraham y a sus hombres. Y bendijeron a Rebeca, y dijéronle: Nuestra hermana eres; seas en millares de millares, y tu generación posea la puerta de sus enemigos» (Génesis 24). He ahí su psicología y su estilo de vida: los «millares de millares» de una lejana posteridad son la «fecundidad» elevada al rango de culto, «sublimada». Son ellas, psicología y estilo de vida, los que motivaron la extraña costumbre reprobada por Heródoto. «Bebe, señor mío; también para tus camellos sacaré agua, hasta que acaben de beber», le dice la anfitriona al forastero que se le apareció en la figura del siervo de Abraham venido desde Canaán y se lo dice inmediatamente después de que este dijera la primera palabra. Sumisión y dulzura. «Labán vino a él, y díjole: Ven, bendito de Jehová; ¿por qué estás fuera; yo he limpiado la casa, y el lugar para los camellos». Israel todavía está en sus comienzos, pero la psicología es típicamente israelita. «Bendito seas, Tú que has crea-

_____

a los eruditos, y no fue empleada jamás por hebreos o babilonios para referirse «a sus cosas». Estamos ante otro mundo y los eruditos no han podido nunca descifrarlo. Un mundo que precisa de «amor y de acuerdo, de cuerpos puros y abundantes nacimientos». Nada que ver, pues, con la prostitución.

Fig. 20. Escena de la vida cotidiana de los caldeos.

do la luz», se dirá en Sión, pero ya ahora lo dicen en la Ur caldea. ¿Podemos hablar aquí de coerción al matrimonio, una coerción cuya sombra aún hoy no ha desaparecido en Rusia, en Francia? «Ellos [los padres y el hermano] respondieron entonces: Llamemos a la moza y preguntémosle. Y llamaron a Rebeca y dijéronle: ¿Irás tú con este varón?». Y ella respondió: «Sí, iré» (Génesis 24, 57-58). Hacíamos alusión a la dulzura, al calor que se dispensa al forastero. Mas ¿qué significa en realidad todo esto, el «bosque sagrado», el nombre de «Milita», la "Madonna", o aquel más general que invoca el poeta cuando escribe

Te daré para el camino
Una imagen santa...

si no el testimonio de una maternidad universal, de un calor cósmico animal irrefutable e inconmovible? ¡Con qué alegría corre Labán al encuentro del forastero que no consigue encontrar alojamiento! «Yo he limpiado la casa, y el lugar para los camellos», le dice. Proyectemos aún más lejos esa dulzura y dejémosla ganar en profundidad. Elevemos hasta el cielo la alegría de las apresuradas piernas de Labán, llevémoslas hasta las «alturas» del templo de Belos y elijamos el silencio ante la incapacidad de ofrecer una explicación lógica. Un silencio que resultó incapaz de crear la aritmética, mientras que ya se tenía el Eclesiastés: ahí tenemos el verdadero origen del «bosque sagrado». Entre los pueblos de la «circuncisión», donde se eligió el camino de la cultura del sexo, una cultura que se refinó y alcanzó altas cotas de penetración en los matices del pudor, la pureza y la santidad que son inasequibles para nosotros, entre esos pueblos, pues, la idea de *comunidad universal de los hombres*, la idea de lazos entre *hermanos y hermanas*[9] que unen a los hombres —«ni judío, ni heleno»— se funden en el único medio de expresión que poseían: el «bosque sagrado». Un «bosque sagrado» instituido exclusivamente para los forasteros a cambio de «la más pequeña moneda», de la fea o la deforme, «en nombre de Milita»... Mas ¿qué importa el nombre?

él ya pasó, él pasará...

---

[9] Merece ser subrayado el hecho de que entre judíos, cananeos y caldeos, el nombre «familiar» y «puro» de «hermana» se aplica tanto a la mujer como a la hija (cf. el libro de Tobías).

Rafael lo evoca de una manera; Lérmontov elige otra. Los «bosques sagrados», como lo hace notar Heródoto con total exactitud, carecen de cualquier carácter sensual: eran solo los forasteros, quienes les adjudicaban tal carácter. Subjetiva e interiormente, los «bosques sagrados» representan la abnegación más profunda, una admirable «limosna», una fusión con el «bárbaro», el «judío» o el «heleno», que no se ha visto jamás en Atenas, Roma o París. «Desde entonces por mucho que le des no la ganarás», refiere Heródoto y añade: «Las que están dotadas de hermosura y talla, pronto se vuelven; pero las que son feas se quedan mucho tiempo sin poder cumplir la ley». He ahí los hechos expuestos de manera prístina. Si recordamos que el edicto de Caracalla que concedía el «derecho de ciudadanía romana» a todos los «nacidos en las provincias del Imperio» representa la conclusión jurídica de un milenio de desarrollo de la Antigua Roma, nos percatamos de que la «idea práctica» de los bosques sagrados fue desde su origen un mecanismo de ruptura de los lazos territoriales, urbanos, nacionales. No se trata, como creyó Heródoto, de una «fría» aceptación del extranjero en la casa propia: ellos —el viejo y el baldado— no son más que el símbolo de tierras lejanas, jamás vistas. «Bienvenido seas, Tú, Señor, que has creado la luz» se dice tanto en Iberia como en las Galias, donde también hay quienes se interpelan diciéndose:

¿Qué te importa mi nombre?

y que no han sido menospreciados por la joven de Babilonia que no solamente «da de beber a los camellos», «lo libra de las botas y le lava los pies», sino que siendo «sabia y rica», y además «orgullosa» (véanse las anotaciones de Heródoto) y «colmada de sirvientes», «se hace conducir hasta el templo en un coche cubierto» para realizar el sacrificio, de la misma manera que en *La víspera* Elena decide ofrecer un sacrificio por Insarov cuando este está remitiendo la enfermedad, escapando así de las manos de la muerte. Un sacrificio en loor del júbilo por disponer de la vida, por la *propia* vida de Insarov, la alegría de saberlo vivo. Todos los detalles que relata Heródoto son sorprendentes: «algunas de las feas permanecen esperando en el templo durante tres o cuatro años». Como mujeres, ellas no podían dejar de sentirse heridas en lo más sensible (el amor propio), viendo a los forasteros que pasaban a su lado sin detenerse, un «espejo» que durante tres años les devolvía su fealdad... Cualquier mujer, incluso la más paciente, hubiera roto ese «espejo», pero la mujer nacida en Babilonia calla y espera. Hay en ese gesto una resignación, una humildad y una abnegación particularmente profundas que ni la ciencia ni la filosofía son capaces de explicarnos. Finalmente, al término del tercer año, un millar de hombres debe haber pasado por su lado y no es preciso ser un gran psicólogo para adivinar que a partir, digamos, del centésimo, la caldea termina por considerar «enemigos» a esos hombres groseros que la ofenden, aun sin proponérselo. Pero hete aquí que llega el milésimo primero y, sea hombre monstruoso o anciano, deja caer la moneda sobre su regazo y sin comprender en lo absoluto (tal como le sucede a Heródoto) el sentido de lo que está a punto de producirse, la llama «en nombre de Milita». «Como quiera que sea la suma de dinero, la mujer no la rehusará»: lo mismo puede ser un huérfano, que un «marinero» o un «marginal». Si observamos por un instante las reglas del templo de Belos, nos percatamos de que la mujer babilonia comprende exactamente el misterio celeste sobre el que reposa el ritmo nupcial, vemos que ella misma exhala ese misterio, como si se tratara de «mirra», sobre el «hermano menor», un «poco enemigo», que durante tres años ha estado devolviéndole su «fealdad». «Oh, *cuánto los odio a todos*», no podrá abstenerse de decir la joven una noche durante la que doscientos hombres hayan pasado a su lado sin reparar en ella. La naturaleza humana es eterna. También nos asombramos de que solo las babilonias desconozcan el odio: será amable con su ofensor milésimo primero, se inclinará ante él como si fuera una «samaritana» y hará tal sacrificio mientras ofrece lo más preciado que tiene, su perla más rara, cuya pérdida solo podría lamentar. En ella reluce Rebeca. O, mejor dicho, así es el país de las Rebecas. Abraham, que lo conocía bien, le ruega a su sirviente: «Ya soy muy anciano. Pon ahora tu mano debajo de mi muslo (lugar extraordinario para realizar un juramento) y te juramentaré por Jehová, Dios de los cielos y Dios de la tierra, que no has de tomar mujer para mi hijo de las hijas de los cananeos, entre los cuales yo habito; sino que irás a mi tierra y a mi parentela, y tomarás mujer para mi hijo Isaac» (Génesis 24, 1-4).

De nada importa, por cierto, cuál sea la esposa que elegirá. No se mencionan su nombre, rostro o condición, porque se trata de la tierra ancestral, el país de las «buenas hijas» y allí siempre es «superior» la calidad de las esposas. La Biblia y Heródoto vuelven a coincidir, pero aquello que el segundo considera «reprobable» adquiere una luz *insólita* y genuinamente celestial para nosotros. Uno recuerda a Sonia Marmeládova, vista a través de la inocencia, la sonrisa fresca y el paso firme de su hermana Pólechka.

«—¿Quieres tú mucho a tu hermana Sonia?

»—¡La quiero más que a nadie! Es tan buena...

»—Y rezar, ¿sabes?

»—¡Oh, ya lo creo que sabemos!.. Primero la *Salve*, y luego una oración que dice: "Señor, perdona y bendice a nuestra hermana Sonia", y después, además: "Señor, perdona y bendice a nuestro papaíto", porque nuestro primer papaíto ya murió y este de ahora es otro, y nosotras rezamos también por él.

»—Pólechka, mi nombre es Rodión. Pídele a Dios también alguna vez por mí, por *su siervo Rodión*... Nada más.

»—De aquí en adelante rezaré siempre por usted —dijo la niña con vehemencia y de pronto rió de nuevo y se abalanzó sobre él y lo abrazó con fuerza» (Fiódor Dostoievski, *Crimen y castigo*).

Ahí tenemos a Caldea en estado puro. Ahora se explica su secreto último o, al menos, el secreto de su estrecha afinidad con Fenicia. Pero reparemos primero en un aspecto significativo de su psicología y estilo de vida. Elías Tishbita, quien «era buscado a muerte» por los fenicios «idólatras», se retira a Sarepta, en el país de Sidón, es decir, a Fenicia. Encontrándose allá y hambriento le pide de comer a una mujer con la que se topa. «Vive Jehová, el Dios tuyo» —le respondió la adoradora de Baal y Astarté—, «que no tengo pan cocido; que solamente un puñado de harina tengo en la tinaja, y un poco de aceite en una botija: y ahora cogía dos serojas, para entrarme y aderezarlo para mí y para mi hijo, y que lo comamos, y nos muramos» (había por entonces hambre y los asolaba la sequía). ¡Cuánta humildad! Pero el israelita es orgulloso y autoritario y exige que le sirva primero a él: «No hayas temor; ve, haz como has dicho: empero hazme a mí primero de ello una pequeña torta cocida debajo de la ceniza, y tráemela». «Entonces ella fue, e hizo como le dijo Elías...». La música de las palabras y la actitud son las mismas que en las «bodas en Canaá de Galilea». Pero el «hijo» se le muere, el hijo que había crecido en ella como «el almendro» en el «candelabro», como la florecilla «en la vara de Aarón». Y ella no duda en atribuir esa muerte a la mala voluntad y la fuerza mágica de Elías, responsable del milagro de rellenar incesantemente la tinaja de harina. Debemos recordar aquí a su hermana caldea, aquella que ha esperado durante tres años con paciencia y humildad a que la «tome» algún marino forastero, porque las palabras de la viuda de Sarepta, con su tono sumiso y profundo, único en la historia universal, se corresponden con el espíritu de docilidad y obediencia de las caldeas, tal como han sido descritas por Heródoto. Despojada de su hijo y abatida por la pena, le dice al profeta de Israel: «¿Qué tengo yo contigo, varón de Dios? ¿Has venido a mí para traer en memoria mis iniquidades, y para hacerme morir mi hijo?». Tal es el timbre de un alma, la música de un corazón que,

franqueando los siglos la celosa lejanía,

sobrevivirá al Partenón y al Capitolio, llegará hasta nosotros y nos sumirá en la languidez, en tanto inaccesible ideal. Pero ¿a quién pertenece esa voz? A la mujer absorta en su maternidad, abismada en la insondable profundidad, en la extraordinaria complejidad, en la fineza de la maternidad:

Te daré para el camino
Una imagen santa...

¿Será una imagen de la «Madonna»?; ¿será una de «Astarté»?

¿Qué te importa mi nombre?

¿Será que el comportamiento de la viuda de Sarepta fue apenas una excepción? No lo fue. Por supuesto que no lo fue. El suyo es el tono habitual, el tono de la masa. Veamos otros ejemplos: «Entonces aquellos cinco hombres partieron, y vinieron a Lais: y vieron que el pueblo que habitaba en ella estaba seguro, ocioso y confiado, conforme a la costumbre de los de Sidón; no había nadie en aquella región que los perturbase en cosa alguna para poseer aquel estado; además de esto, estaban lejos de los Sidonios, y no tenían negocios con nadie» (Jueces 18, 7). Eso fue escrito hace dos mil quinientos años pero aún hoy en día expresa el modo de vida de todos y cada uno de los judíos. Explica también su dispersión por todo el mundo, su secreto recogimiento —cada uno en el lugar y el momento que le corresponde—; pone en evidencia los rasgos del espíritu que reúnen a Spinoza con el último de los zapateros rusos. No obstante, nuestros cinco enviados consideran que se trata de «paganos». Penetran, pues, en una casa. «¿No sabéis cómo en estas casas hay *ephod* y *teraphim* (objetos rituales típicos entre los judíos) e imagen de talla y de fundición? Mirad pues lo que habéis de hacer» *(idem, 14)*. Entonces decidieron seducir al sacerdote sirviéndose de la astucia. «Entrando pues aquellos en la casa de Michas —eran unos seiscientos hombres armados—, tomaron la *imagen de talla*, el *ephod* y el *teraphim*, y la *imagen de fundición*. Y el sacerdote les dijo: ¿Qué hacéis vosotros. Y ellos le respondieron: Calla, pon la mano sobre tu boca, y *vente con nosotros, para que seas nuestro padre y sacerdote.* ¿Es mejor que seas tú sacerdote en casa de un hombre solo, que de una tribu y familia de Israel?» *(idem, 19)*. Solo la obtusa imaginación y la esterilidad espiritual de los historiadores, arqueólogos y teólogos, les impidió profundizar en esas palabras *y relacionarlas con otras que aparecen en el primer libro de la historia de Israel* para descubrir en ellas todo un patrimonio de nociones útiles para la historia y la fe. Hay que reparar en *quién* llega a Lais, *ciudad fenicia*. Puede sostenerse (si no se embrida la imaginación) que quienes llegan son «nuestros» hebreos, cuyas historia y religión constituyen el abecé de *nuestra religión*, esa que se nos ha estado enseñando desde siempre en los liceos (con la imaginación echada a volar). Llegan a Lais *por primera vez* (seamos aún más imaginativos), a una tierra todavía *virgen* en cuestiones de cultura y religión. Llegan tras haber sido sacados de Egipto por Moisés, a quien continuamos considerando *todavía hoy* (imaginación vivaz) como «profeta y hombre de Dios». Recapitulemos por fin y hagamos una síntesis de todos esos momentos de «vivaz imaginación». Resulta evidente que en Fenicia imperaba una «religión fenicia» que nada tenía que ver con la de Abraham y que en ningún caso les fue impuesta a los fenicios por el profeta hebreo. Abraham no había hecho proselitismo alguno a favor de su «pacto con Dios», un pacto que lo concernía *exclusivamente a él y a su descendencia* desplazada *íntegramente* a Egipto con el viejo Jacob, acompañado de sus doce hijos con todos los suyos y los hijos de los suyos. Insisto: no existió proselitismo alguno en Fenicia y ni siquiera hoy el proselitismo se aviene con el espíritu de Israel, sino que más bien es contrario a este. Para los hebreos, la religión es cosa de «elegidos» y que concierne solo a «los propios». Tales son también el carácter y el espíritu que consiguen que al sexo *se lo mantenga en la sombra*. Los fenicios, pues, disponían de una *religión fenicia propia* y los judíos tenían «la suya», una que es también la *nuestra*, en la medida en que Moisés y Josué son tenidos como «hombres justos y santos» por los estudiantes de nuestros liceos y sus padres. Sucedió que habiendo entrado en la primera casa, precisamente en la primera que encontraron a su paso *y abordándola con absoluta virginidad de espíritu*, esos «cinco hombres», en cierto sentido «espías en tierra enemiga», descubren que el «amo de la casa» a la que han entrado al azar posee objetos de un culto doméstico familiar y ancestral que bien «podríamos usar nosotros», es decir, que podían servir al culto de los judíos de la época de Moisés y Josué. Y hasta tal punto no ven diferencia alguna entre ellos mismos y aquel fenicio que *sin someterlo a examen alguno, ni pararse a verificar su fe, lo invitan a convertirse en su sacerdote* (!!!), *en sacerdote de los judíos*, de la «tribu de Israel», haciendo valer el «mayor número de fieles de que consta su comunidad»: «¿No será mejor para ti, le preguntan, ser el *sacerdote de una tribu y de un clan de Israel*, que continuar oficiando *en la casa de un particular?*». ¡¡¿Acaso esto no es sorprendente?!!! ¡¡¿Es que no cae como un mazazo ese hecho sobre las cabezas de nuestros teólogos, como un rayo que rompe un cielo azul?!!! No hay duda alguna de que el meollo de la cuestión radica en la siguiente frase: «celebrarás el mismo culto que celebras en tu casa y para ti». ¡¡¿De *qué* culto se trata y, sobre todo, *quiénes lo seguían*?!! No olvidemos que los fenicios tenían «su culto» y los judíos el «suyo» y que entre ellos no existía «semejanza alguna», sino que, por el contrario, entre ellos reinaba una «hostilidad total», según sostienen historiadores y teólogos. Sin embargo, el hecho se produjo y la Biblia afirma que «él les convenía como sacerdote», como un «guante» a una «mano». Dicho de otra manera: «les iba ese guante» como si «usaran la misma talla». Es absolutamente evidente que dejando a un lado diferencias meramente nominales, como las que separan a un «Iván» de un «Juan», entre los fenicios y los judíos la sustancia, la idea y el sentimiento de adoración ritual eran idénticos. De hecho, si prestamos oídos podemos conseguir escuchar *en qué* radicaba esa identidad. Lo cierto es que ambos pueblos y ambas religiones adoraban a un mismo dios o a unos mismos dioses de la fecundidad y la procreación. Teniendo unos mismos dioses, *el objeto* y *el contenido* de las oraciones, como también el tono en que las pronunciaban y el contenido de estas (las de Elías Tishbita y la viuda de Sarepta) eran comunes a toda una civilización, de manera que las pequeñas diferencias carecían de importancia tanto para los danitas venidos en misión exploratoria, como para cualquier profeta tardío de Israel. Los historiadores se han dedicado a operar «distinciones» allí donde el texto bíblico nos dice «¡une!», porque «las diferencias son apenas de nombres, de detalle». Y así descubrimos de pronto por qué Abraham —mucho antes de la celebración del pacto—, se reúne en Canaá con Melquisedec, «sacerdote del Dios alto» (Génesis 14). «Israel» comienza mucho antes que Israel y cuando Abraham se instala en las inmediaciones del «encinar de Mamre» era una gota que se hundía *en su propio mar*, de la misma manera que él había salido *de su propio mar* cerca de Ur, en Caldea. De esta manera se nos aclara todo el enredo de la historia de Israel. De un lado tenemos a Salomón adorando a Astarté y del otro tenemos el ruego de Abraham, un hombre dotado de una expresividad y un tesón únicos en la historia: «He aquí ahora que he comenzado a hablar a mi Señor, aunque soy polvo y ceniza: quizás faltarán de cincuenta justos cinco: ¿destruirás por aquellos cinco toda la ciudad?» (Génesis 18, 28). *No muestra enemistad alguna* hacia el príncipe de las ciudades que serán destruidas más tarde: «He alzado mi mano a Jehová Dios alto, poseedor de los cielos y de la tierra, que desde un hilo hasta la correa de un calzado, nada tomaré de todo lo que es tuyo», le dice al rey de Sodoma devolviéndole el ganado y los bienes que arrancó a los asaltantes nómadas (Génesis 14). Y se nos hace perfectamente comprensible también que cuando Hiram, rey de Tiro, se encuentra con los enviados de Salomón que han venido en busca de arquitectos para levantar el templo, les diga: «*Bendito sea hoy Jehová, que dio hijo sabio a David sobre este pueblo tan grande*» (1 Reyes 5, 7). Hiram pronuncia una *loa a Israel*, y los arquitectos, por su parte, *profundamente afectos a la erección del Templo, no exigen plan alguno a Salomón* y lo levantan tal como correspondía hacerlo. «¿No sabéis cómo en estas casas hay *ephod* y *teraphim*...? Mirad pues lo que habéis de hacer». ¿Será acaso que lo que no conseguían distinguir los danitas o Salomón, o no somos capaces de diferenciar nosotros mismos (la exclamación de la viuda de Sarepta, por ejemplo), sí que lo pudieron diferenciar siempre los profetas? Absolutamente no, puesto que *en nombre del Dios de Israel*, dice Ezequiel *del rey de la Tiro fenicia*: «*Tú echas el sello a la proporción, lleno de sabiduría y acabado de hermosura. En Edén, en el huerto de Dios, estuviste... Tú, querubín grande y protector; en el santo monte de Dios estuviste; en medio de piedras de*

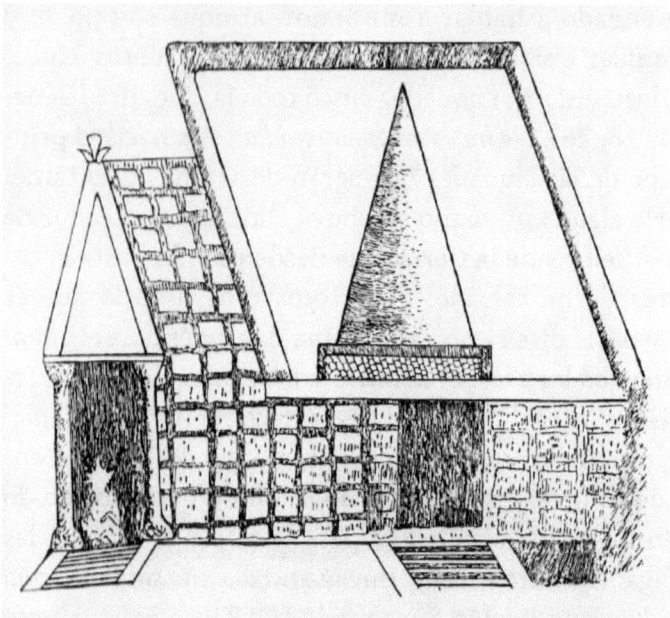

Fig. 21. Modelo de santuario fenicio en Byblos, en el litoral mediterráneo. La pared es intencionadamente baja. No hay techo.
No cabe duda de que el santuario estaba rodeado de arbustos y
flores. En el interior, sobre un alto pedestal que sobresalía por
encima de la pared, se elevaba hacia el cielo el fetiche objeto de
culto. Debido a la presencia de árboles y construcciones urbanas,
el santuario quedaba oculto a las miradas, a excepción del fetiche, que brillaba como un sol terrestre bajo el sol celeste. Cualquiera que fuese la ruta urbana elegida por fenicios o fenicias
(recordemos que el fetiche era masculino), siempre volvían la
vista hacia el santuario y el fetiche, semejantes a «una fortaleza
celeste ubicada en medio de la villa». He observado que esa es
precisamente la impresión que siempre produce un objeto linear
o alargado, despojado de base visible y de ornamento, y «elevado
directamente hacia el cielo», cuando se lo mira desde una distancia respetable. Hemos tomado esta imagen de una moneda
de bronce que circulaba en la ciudad de Byblos en la época de la
dominación romana.

fuego has andado. Perfecto eras en todos tus caminos desde el día que fuiste creado» (Ezequiel 28, 12-15). «*Desde el día que fuiste creado*»: esas palabras en boca de un profeta de Israel, que es también profeta nuestro: ¡¿no deberían decir algo a nuestros incrédulos historiadores?! «Desde el día de su creación, esa ha sido Mi ciudad amada, Mi ciudad bienamada». ¿Acaso esas palabras no sacuden a nuestros historiadores? Ahora comprendemos la causa de las irresistibles caídas del reino de Israel y, más tarde, del reino de Judea, en el culto fenicio: caídas que se producen en *el período más creativo y más original de esas culturas, inmediatamente después de David y Salomón, durante la época de las grandes profecías.* «Honraron a Jehová, y adoraron a Astarté»: todo el período clásico de Israel se resume en esa línea y nada comprenderemos si no reparamos en que muchas de las palabras y sentencias más habituales a la vez que las más inspiradas —las mismas que todavía hoy repetimos en nuestras iglesias— llevan la impronta del soplo de Astarté. ¿Quién fue Ruth? Una moabita, es decir, una adoradora de Chêmos (Ruth 1, 22). Y Job, ¿quién era? Un varón de la tierra de Hus, en la Arabia septentrional, hasta la que *no se habían extendido* las Doce Tribus. Es decir, que nos inclinamos hoy ante la «larga paciencia» de Job, la dulzura de una pobre viuda de Sarepta, la devoción y la pureza de Ruth, como mismo lo hacían *Isaac y Rebeca, descendientes* ambos de los caldeos. ¿De dónde proviene entonces la cólera de los profetas contra ese origen? Una vez más, difícilmente alcancemos a comprenderlo si no reparamos en *los elementos que componen esa cólera* y en un pequeño detalle, este sí actual. Se trata de una cólera dirigida al *nombre*, a la *persona* de los otros dioses, sin tocar, si podemos expresarnos así, la «respiración» misma del *culto*, su nervio o su ser interior. No se condena en ningún caso la «maternidad» de Astarté, sino el culto de la maternidad *referida a Astarté* y no a Yahvé, como debe ser entre judíos. Tales son el timbre, la línea de inclinación y el contenido de todas las profecías. «Asimismo profanó el rey los altos que estaban delante de Jerusalén, a la mano derecha del monte de la destrucción, los cuales Salomón rey de Israel había edificado *a Astarté, abominación de los sidonios, y a Chê-mos abominación de Moab, y a Milcom, abominación de los hijos de Ammón. Y quebró las estatuas, y taló los bosques, e hinchió el lugar de ellos de huesos de hombres*» (2 Reyes 23, 13). He ahí un pasaje —*típico* y *uniforme*, válido por igual tanto para los profetas de Israel como para el autor del Libro de los Reyes— que no ha hecho más que confundir las ligeras cabezas de los nuevos historiadores. Se habla tan claro ahí de «abominación» que no han dudado en aferrarse a ese vocablo e ir proclamando a diestro y siniestro que todo lo que proviene de «Tiro y Sidón» y, por consiguiente, de «Ruth» y la «viuda de Sarepta» era para los profetas, *de hecho y en esencia*, pura «abominación». Una «abominación» en esencia, en espíritu y en contenido: el colmo de la abominación. Sin embargo, nada impide decir a esos mismos exégetas de la Biblia que el «Dios de Israel» es el «esposo de Israel», cosa que también declaran enfáticamente los profetas y es un hecho tan evidente que constituye el «alfa» de todo el asunto, tanto que nadie lo pone en discusión ni parece que lo hará jamás. Precisamente, de esa evidencia, de esa «alfa», deriva todo lo demás y es por medio de ella que se explican todas las profecías y su tono siempre uniforme. Esto es lo que dicen, y por sus bocas habla el Dios de Israel: «vuestros hijos ya no son hijos míos, sino de las abominaciones de los sidonios», «hijos de los execrables Baal y Astarté», desde el instante en que los judíos *comenzaron a concertar matrimonios mixtos con fenicios, egipcios, moabitas y amonitas. Y esas palabras se refieren exclusivamente a los matrimonios mixtos*. Ello muestra, todavía hoy, hasta qué punto continúa pesando el anatema de la sinagoga contra todo judío o judía que acepta unirse a un miembro de una etnia ajena, *mezclando así su propia sangre, su propio semen*. Los historiadores, en cambio, han entendido que se trataba de una renuencia a la mezcla de confesiones o, para decirlo en lengua más contemporánea, al «intercambio de símbolos», a la adopción de una «alternativa religiosa», a *una traición ritual y cultural*. Pero, ¿a qué esposo le puede resultar grato que «le nazcan hijos que no sean suyos»? He ahí lo que explica la cólera y el furor: se trata de la más ordinaria reacción que producen los celos… ¡¡¡En esos sentimientos es que se reconocen todos los profetas: no tenéis más que leerlos para comprenderlo!!! En eso *y en nada más. ¡¡¡Jamás en otra cosa!!!* ¡¡¡Leed, leed, leed!!! Abrid los ojos a la verdad. La substancia misma del hecho, la fecundidad, la música de la «viuda de Sarepta» o de «Abraham y Sara en el encinar de Mamre» permanecen idénticas, es decir, generosas y fecundas. «Tanto monta, monta tanto…», como diría una persona humilde, si es que esa expresión sirve a los historiadores. Llegados a estas conclusiones la historia nos descubre reveladores abismos. Por ejemplo que no existen diferencias esenciales entre los cultos de los pueblos antiguos, lo que explica que «en el templo de Jerusalén se acepten sacrificios ofrecidos por romanos». La diferencia radicaba apenas «en los nombres» y, sobre todo, en el nombre «bajo el que registraban los nacimientos». Naturalmente cada hijo inscrito debía haber sido *engendrado por un israelita,* dando por entendido que toda mezcla de sangre y semen quedaba terminantemente prohibida. Entre los romanos regía «la ley romana»; entre los judíos, «la ley judía». ¡¡¡Pero, en esencia, se trata de lo mismo!!! De la sangre y del semen, de la unión de la sangre con el semen. Y se trata también de un asunto de raza, de una raza que establece como principio la «certeza» de la descendencia a partir de un mismo ascendiente y mediante el uso de terribles anatemas contra toda mezcla con sangre forastera. ¡Leed! ¡Leed! ¡Leed! ¡Ved! ¡Ved! ¡No se necesitan más que un par de ojos, unas gafas y el texto de la Biblia![10]

[10] Todo eso está dicho con palabras encendidas: «Palabras de Jehová, que fue a Oseas hijo de Beeri, en tiempos de... Jeroboam, rey de Israel... Y dijo Jehová a Oseas: "Ve, tómate una mujer fornicaria: porque la tierra se dará a fornicar apartándose de Jehová". Fue pues, y tomó a Gomer, hija de Diblaim, la cual concibió y le parió un hijo. Y díjole Jehová: "Ponle por nombre Yezreel, porque de aquí a poco yo visitaré las sangres de Jezreel sobre la casa de Jehú, y haré cesar el reino de la casa de Israel". Y concibió ella aún, y parió una hija. Y díjole Jehová: "Ponle por nombre Lohurama (no compadecida, en hebreo), porque no más tendré misericordia de la casa de Israel, sino

que los quitaré del todo. Mas de la casa de Judá, tendré misericordia... Y después de haber destetado a Lohurama, concibió y parió un hijo. Y dijo Dios: "Ponle por nombre Loammi (no es mi pueblo, en hebreo), porque vosotros no sois mi pueblo, ni yo seré vuestro Dios"... "Pleitead con vuestra madre, pleitead; porque ella no es mi mujer, ni yo soy su marido; quite pues sus fornicaciones de su rostro, y sus adulterios de entre sus pechos; no sea que yo la despoje desnuda, y la haga tornar como el día en que nació... Ni tendré misericordia de mis hijos; porque son hijos de fornicaciones. Porque su madre fornicó; la que los engendró fue avergonzada; porque dijo: "Iré tras mis amantes que me dan mi pan y mi agua, mi lana y mi vino, mi aceite y mi bebida". Por tanto, he aquí yo cerco tu camino con espinas, y la cercaré con seto, y no hallará sus caminos. Y seguirá a sus amantes, y no los alcanzará; buscaralos, y no los hallará. Entonces dirá: "Iré y volvereme a mi primer marido; porque mejor me iba entonces que ahora". Y ella no reconoció que yo le daba el trigo, y el vino, y el aceite, y que les multipliqué la plata y el oro con que hicieron a Baal. Y por tanto yo tornaré, y tomaré mi trigo a su tiempo, y mi vino a su sazón, y quitaré mi lana y mi lino que había dado para cubrir su desnudez. Y ahora descubriré yo su locura delante de los ojos de sus amantes, y nadie la librará de mi mano. Y haré cesar todo su gozo, sus fiestas, sus nuevas lunas y sus sábados, y todas sus festividades. Y haré talar sus vides y sus higueras de que ha dicho: "Mi salario me son, que me han dado mis amantes". "Y reducirelas a un matorral, y las comerán las bestias del campo. Y visitaré sobre ella los tiempos de los Baales, a los cuales incensaba, y adornábase de sus zarcillos y de sus joyeles, e íbase tras sus amantes olvidada de mí", dice Jehová. Y darele sus viñas desde allí, y el valle de Achor por puerta de esperanza; y allí cantará como en los tiempos de su juventud, y como en el día de su subida de la tierra de Egipto. "Y será que en aquel tiempo, dice Jehová, me llamarás Marido mío, y nunca más me llamarás Baali. Porque quitaré de su boca los nombres de los Baales, y nunca más serán mentados por sus nombres...". Y te desposaré conmigo para siempre; desposarte he conmigo en justicia, y juicio, y misericordia, y miseraciones. Y te desposaré conmigo en fe,

He ahí, pues, el lugar donde radica la cólera de los profetas: en el lazo anudado por el «precepto de la circuncisión» legado por Abraham. Toda ella reposa en ese precepto, alude a él y maldice a quien osa desobedecerlo. Los profetas llaman constantemente a Israel a apartarse del «culto a otros dioses». No se trata, como creen los historiadores, de que les impongan apartarse del templo, renunciar a la veneración ritual, sino de prevenirlos contra otros «cultos» ajenos a su «sangre», ajenos a su misión de «descendencia»... Veamos la definición de sí mismo que Dios ofrece a Moisés: «Porque Jehová tu Dios *es fuego que consume, Dios celoso*» (Deuteronomio 4, 24). Estamos ante unos celos netamente conyugales, el fuego de los celos de Israel hacia «los otros dioses». Astarté domina en Tiro, con sus «10 o 15 tribus». Y desde las alturas del Universo, para la mirada del venerado «Ojo», resuena la voz: «Tiro, tú has dicho. Yo soy de perfecta hermosura. En el corazón de los mares están tus términos» (Ezequiel 27). Pero se trata de Tiro y la frase es pronunciada allí, en Tiro. Entretanto, la consigna es apartarse de la tierra desde la que se elevan las plegarias de las «12 tribus» de Israel, apartarse de la Astarté fenicia *no por lo que ella es esencialmente, sino porque es «de Tiro»*, es decir, es una tierra que incurre «en la fornicación con otros dioses». Hay un fragmento de Ezequiel donde queda sobradamente expresada esa idea: «Y pasé yo (Dios) junto a ti (Israel), y te miré, y he aquí que tu tiempo era tiempo de amores; y extendí mi manto

_____

y conocerás a Jehová... y tendré misericordia de Lohurama; y diré a Loammi: "Pueblo mío, tú", y el dirá: "Dios mío"».

sobre ti, y cubrí tu desnudez; y dite juramento, y entré en concierto contigo, dice el Señor Jehová, y fuiste mía» (Ezequiel 16, 8)... «Mas confiaste en tu hermosura, y fornicaste a causa de tu nombradía, y derramaste tus fornicaciones a cuantos pasaron... con los hijos de Egipto... con los hijos de Assur... en la tierra de Canaán y de los Caldeos» (Ezequiel 16, 15 y ss.). Tanto el tono como las ideas son las mismas en todos los profetas. Si tomamos en consideración el hecho de que el empleo de figuras retóricas, de «imágenes» meramente ornamentales, es de todo punto contrario al espíritu de la totalidad de Israel y de toda la Biblia, adivinamos que aquí de lo que se trata es de *una realidad*, es decir, de *una sensación real*, de *una manera de «conocer» a Dios* que nos remite de nuevo al templo de Babilonia, a aquel «delirio» que Heródoto consideró «expediente inverosímil» y que constituye, por el contrario, el más profundo secreto del Oriente semito--camítico. Quizá un pequeño detalle, conservado hasta el día de hoy, nos esclarezca y confirme esos antiguos secretos. Aún hoy entre los hebreos «abandonar su religión», «renunciar al Dios de sus padres» equivale a romper[11] los lazos con la tribu en términos

---

[11] Sin embargo, la primera mujer de Salomón era una egipcia; Ruth, que era moabita, fue mujer de Booz; Rebeca, caldea, lo fue de Isaac. Los reyes de Israel, en general, solían tener a caldeas por mujeres. En los predios de la «circuncisión», es decir, de las tierras en las que imperaba una «elevada» concepción de la relación conyugal, esos matrimonios son posibles, aunque revistan una determinada dificultad («la existencia de otros dioses»). En cambio, serían de todo punto imposibles entre pueblos que tuvieran una «baja» concepción del matrimonio. Entre nosotros, por ejemplo. Nuestros usos y costumbres nos

carnales. Así, por ejemplo, cuando se contrae matrimonio con un extranjero. Dicho en otros términos, resulta que la «fidelidad a Dios» y la solidez «religiosa» pasan para los judíos por el cultivo del ritmo conyugal «con los suyos». Es un transparente «levirato» que deja ver sus contornos por entre la bruma matinal, un lazo «de hermano a hermano» que une a toda la tribu

> *Obedeciendo altas leyes,*
> *Implacables y eternas...*

cuya trama carnal no habría sido sagrada, ni se hubiera mantenido incólume durante siglos, inmune al lacerante paso de los milenios, si «la urdimbre propia del tejido» no hubiera estado realmente impregnada por el «soplo» divino[12] o no hubiera sido precisamente el ser divino quien constituyera la sustancia misma de la eterna trama. Al menos, es eso lo que aparece en las narraciones de los profetas y tal es, qué duda cabe,

---

rebajan a una clase de ritmo «anegado en vino» donde cedemos a nuestra «animalidad». Así, aprendemos a considerar que se trata del lado «animal» de nuestra naturaleza al que «cedemos» involuntariamente. Sin adentrarse en nuestros razonamientos y apenas tomando en consideración nuestros sentimientos, los hebreos manifiestan un sentimiento de repugnancia a entablar relaciones sexuales con nosotros. No quieren rebajarse del «templo» al «establo» y tal como manda el Deuteronomio —«maldito el que tuviere parte con cualquiera bestia, porque será apartado de su pueblo»— dan muerte —o casi— y buscan «eliminar» a cualquier mujer hebrea que ose «amancebarse» con un no-hebreo.

[12] «Y visitó Jehová a Anna, y concibió, y parió tres hijos y dos hijas» (1 Samuel 2, 21).

el sentir de Israel, al menos durante el período clásico, aunque todavía percibamos las huellas en las costumbres, los «prejuicios» y los instintos que han sobrevivido hasta la actualidad. Esa manera de sentir constituye el «soplo» que comparten todos los países unidos por la circuncisión. Se lo encuentra en la concepción y el plan del templo de Babilonia, en «el óbolo» a Milita, en los bosques sagrados «a la vera de los santuarios», en el humo del sacrificio ofrecido por Tobías, en las «flores de almendro del Tabernáculo» y, por último, también en la inexplicable representación simbólica de los egipcios para quienes «Apis es un novillo nacido de una vaca que después ya no puede concebir otra cría; dicen los egipcios que baja del cielo un resplandor sobre la vaca, por el cual concibe a Apis» (Heródoto, Libro Tercero, cap. 28). Lo que es verdaderamente grande aquí es la manera única y común de sentir que permite a cada pueblo comprender la «elevación» del ritmo conyugal, su «pureza» y, en definitiva, su «santidad». Una santidad que enciende las lámparas, «levanta» el templo de Belos, planta los «bosques sagrados» y crea, en el caso de Israel, un ritual perpetuo de «purificaciones», «sacrificios», «neomenias», «shabbats».

Pasemos todo eso por alto durante unos instantes para abordar cierta terrible manifestación del sentimiento religioso en la Tiro que «perfecta era en todos sus caminos desde el día de su creación». Un hecho, por cierto, que horrorizó siempre a los historiadores: el terrible humo que despedía la sangre de los niños ofrecidos en sacrificio. En efecto, la viuda de Sarepta a la que Elías Tishbita pide un poco de pan, le responde: «solamente un puñado de harina tengo en la tinaja, y un poco de aceite en una botija: y ahora cogía dos serojas, para entrarme y aderezarlo para mí y para mi hijo, y que lo comamos, y nos muramos». El hijo precede a la madre y habría que desconocer totalmente la naturaleza de los sentimientos maternales para ser incapaz de adivinar que siempre y en cualquier situación la madre pondrá a su hijo por delante. Veamos cómo se ofrece a esos hijos al «fuego devorador»: «quemaban sus hijos al fuego a Adramelech y a Anamelech, dioses de Sepharvaim. Y temían a Jehová», leemos en el capítulo decimoséptimo del Segundo Libro de Reyes. Sorprendente misterio ese, que en cierta forma pertenece también a Israel, pero aplicado con mayor énfasis a la «cruel» Fenicia. «Padre mío: *¿dónde está el cordero para el holocausto?*», le pregunta Isaac a su padre mientras acarrea leña. «Ya lo sabrás, hijo mío», le responde Abraham. Ese diálogo del Génesis es el único pasaje que trata *in extenso* ese acto misterioso, el único que nos revela su psicología. Hay en ese diálogo una dulzura tan humilde y tanta obediencia a la voluntad divina que su eco reaparece por doquier en nuestros cánticos a título de imagen o de comparación. Es decir, que hemos ido trenzando en esos cánticos, como si se tratara de un precioso hilo, el único aspecto llegado hasta nosotros de aquel rito incomprensible. «Como Isaac, portando la leña para su propia inmolación»...

¿Qué es un sacrificio? Aquello que es siempre *difícil*, aquello en lo que se expresa un amor *especial*. En la iglesia, por ejemplo, *nos tenemos de pie*, y consideraríamos inconveniente *tomar asiento*. Hay «estaciones» largas y penosas a las que los fieles acuden en tropel. Los peregrinos prefieren marchar a Kiev «a pie» antes que hacerlo en ferrocarril. La magnitud y la dureza del sacrificio están siempre equiparadas a la profundidad de la fe, y hasta cuando la más miserable de entre las pobres fieles enciende

> *...un cirio,*
> *una ardiente vela*

está privándose de un kopek que pudo destinar a su pitanza para añadirlo al valor del cirio. Así ha sido siempre y en cualquier lugar. En ello radica el sentido de la religión, en nuestra disposición al «sacrificio». La madre ofrece a su hijo y *en él se consume más que lo que se consume en sí misma*. Estamos ante un cirio único en la historia, cuya llama se eleva hasta el cielo y suponemos que en su raíz debe haber algo también único en la historia por su brillantez, su fuerza. Algo equiparable a su objeto en ternura y profundidad. En definitiva, un sentimiento religioso. Como no somos capaces de alcanzar a comprender de qué se trata exactamente, nos sentimos obligados a ir en pos de analogías y semejanzas. Las hogueras que ardían en España nos sirven para ello. Cuánto nos horrorizaríamos si alguien pensara que se las «deseaba en las alturas celestiales». Pero esas hogueras servían para practicar un sacrificio y son un testimonio del «celo» religioso humano:

> *En los magníficos autos de fe*
> *Hacían arder a los viles herejes...*

no a sus hijos, no a los «amigos», sino a los «enemigos» y ello nos permite discernir con claridad que se trataba de un malvado exterminio del «adversario».

Eso nos induce a pensar que de la misma manera que ese ejemplo *ad majorem gloriam* constituye el grado supremo y lógico de la *soberbia*, así mismo se verifica una cierta *degradación* del espíritu en el hecho de sacrificar los «botones de almendro», llevados dentro del «propio vientre», sobre todo si consideramos que el vientre mismo es sagrado y, por consiguiente, el fruto del mismo es aún más sagrado y puro, a semejanza del ardiente cirio que son nuestros cánticos. No sabemos cómo expresarlo, pero percibimos con toda claridad que estamos ante el otro extremo del fenómeno de la Inquisición, signado por la profundidad del *perdón* y la *resignación* que expresan las palabras de la viuda de Sarepta: «¿Qué tengo yo contigo, varón de Dios? ¿Has venido a mí para traer en memoria mis iniquidades, y para hacerme morir a mi hijo?». En cualquier caso, el lector ya habrá comprendido que «inmolarse en la hoguera» es algo totalmente opuesto al hecho de «lanzar al fuego a un forastero», que quemar a *un hijo propio* es lo inverso de quemar a un enemigo. Y, finalmente, que quemar a un «malvado» hereje pecador y echar a la hoguera a un niño inocente son cosas inversas, contrarias, cuando se las ve desde la perspectiva del «fuego devorador» que las consume. En ambos casos estamos «próximos a Dios» y habitamos en los predios de «lo religioso», pero las direcciones son divergentes. Y sentimos que hay también divergencias en las representaciones de Dios que se producen en uno y otro suceso. Lo cierto es que no nos equivocamos al ver en las hogueras de los autos de fe un mal horrible, un abismo de tinieblas y demonizaciones, de violento furor, una crueldad y una injusticia genuinamente diabólicas. Y es precisamente cuando comparamos ambas hogueras desde ese punto de vista que nos gana de pronto la evidencia de que en los «fuegos» que utilizaban los israelitas para «acompañar a sus hijos» prevalece un fervor irresistible, un aura de pura y humilde *dulzura* de carácter celestial, que una vez más nos son totalmente incomprensibles e inasequibles. Véase el comentario de Achab inmediatamente después de la derrota del rey sirio Ben-ahad, cuando este, seguro de que le había llegado el momento de la muerte, «escondíase de cámara en cámara». Informado Achab, dice: «si él vive aún, mi hermano es». Una vez más nos topamos aquí con ese timbre del espíritu que ya habíamos percibido en la respuesta de la viuda de Sarepta a Elías. Una vez más constatamos que la «respiración» de todo el Oriente está impregnada de «maternidad» y «paternidad» y que son ellas quienes hacen que los hombres se rindan al cielo,[13] es decir, se dejen llevar por el ritmo conyugal, pendientes de los maravillosos instantes en que su ser individual se escinde en «padre» e «hijo», «madre» e «hijo». Así el

[13] «Porque verá a sus hijos, *obra de mis manos en medio de sí*, que santificarán mi nombre; y santificarán al Santo de Jacob, y temerán al Dios de Israel» (Isaías 29, 23). Es lo mismo que se dice en forma más general y completa en el libro de Job: «Si él pusiese sobre el hombre su corazón, y recogiese así su espíritu y su aliento, *toda carne perecería juntamente, y el hombre se tornaría en polvo*» (Job 34, 14-15).

hombre del Oriente descubre el cielo y al cielo dedica su mundo escindido, elevando sus plegarias a una «maternidad» y una «paternidad» celestiales. Los judíos sentían la *«paternidad»* cósmica[14] de una manera particular, opuesta a una feminidad expresada claramente en términos de nación y que se manifestaba como complementaria de la misma.[15] Más viriles, los fenicios, marinos e inventores intrépidos, dotaron a la *maternidad* de una cualidad celestial, como un elemento complementario de su naturaleza. Sin embargo, tanto en unos como en los otros, la sustancia es idéntica: se trata de la misma esencia, del mismo misterio y de una sola verdad que sostiene su fe. La ciencia moderna, tan poco dada a reflexionar sobre la religión, se resiste categóricamente a ver en el principio vital un crecimiento «normal» de los elementos terrestres. En cambio, lo toma por un mero producto de la «arcilla roja», privados de todo «soplo» desde lo alto. Aún así, lo cierto es que los estudiosos no han podido dejar de percibir instintivamente esa verdad. ¿Acaso no ha sido la ciencia, creo que por boca de Zöllner, la que ha adelantado la hipótesis de que «es

---

[14] Repárese, sin embargo, en que la primera línea del Génesis: «En el principio creó Dios...», creó = «bara», *forma verbal en singular*, que designa la unidad o *la fusión indisoluble del acto creador*. Sin embargo, Dios = «Elohim», que *no es forma singular*. Ello implica que en el primer versículo, en la base misma de la noción de Israel, está implicada la idea de *la maternidad englobando al mundo*.

[15] Los hebreos son notoriamente femeninos, chillones, nerviosos. Pareciera que entre ellos no encontraremos nunca una voz «de bajo».

verosímil que la primera célula orgánica *cayera sobre la tierra en un meteorito*»? Bien, habrá llegado o no en un «meteorito», pero vino «del cielo» y «no» de la tierra. Tampoco fue mera «arcilla roja». He ahí lo que conviene recordar de ciertas afirmaciones hechas en el siglo XIX, lo mismo que ya habían presentado los constructores del templo de Babilonia (recordemos a la joven que pasa la noche en lo alto del templo donde «recibe la visita nocturna de la divinidad»). Pero volvamos a los judíos y a los fenicios. Si bien es cierto que estos últimos son más rudos, en su concepción específicamente religiosa del hombre o en lo que respecta a la complementariedad de este con una dimensión celestial —coincidente con la de los judíos, por cierto—, los fenicios son *más tiernos, más profundos, más amantes.* Es ahí donde hay que buscar la explicación del singular fenómeno que se observa en la Biblia durante todo el período *clásico* de la existencia de Israel. A saber, que los judíos, a pesar de mantenerse inconmovibles, tenaces y rutinarios en el dominio de la religión, *se sienten irresistiblemente empujados a fundirse con Fenicia.* Se trata de una atracción que tiene lugar en la época de las visiones divinas de Salomón, así como después de la composición de los salmos de David, durante la redacción del Eclesiastés y el Cantar de los Cantares, o en tiempos de Ezequiel, de Elías, Isaías, y Amos. En nuestros días, cuando todo lo que viene del Oriente se nos ha hecho incomprensible, también se nos escapa la razón de ese hecho. Pero lo que se vivía entonces era una lucha interior, inherente a un fenómeno sustancialmente idéntico: si hay «paternidad»,

¿por qué no hay igualmente «maternidad»? ¿Por qué no a la vez «maternidad y paternidad»? Y, sobre todo, ¿por qué no con más fuerza, más pasión y más profundidad que «entre nosotros» (entre israelitas)? Se trataba de un impulso de Israel hacia algo más universal, pero que se desarrollaba siguiendo *las mismas líneas, el mismo plan ideológico* que había seguido desde Abraham. Era un movimiento que tendía hacia las «piedras de fuego», las «vestiduras bordadas» y el «sello a la proporción y el acabado de hermosura» de los que habla un enternecido Ezequiel a propósito de la Tiro fenicia (Ezequiel 28). Sin embargo, desde el punto de vista local y tribal propio de las «Doce Tribus», se trataba al mismo tiempo de una desviación de la «paternidad» rigurosa e irreductible a la que se había obligado Israel y es de ahí que proviene la resistencia de los profetas. Dondequiera que se produce un contacto notamos una *reacción brutal* por parte de Israel: Elías hizo conducir a los profetas de Baal al arroyo de Cisón «y allí los degolló». En los tratos con la viuda de Sarepta, toda la ternura, la sumisión al destino y la presteza a servir las muestra ella y solo ella. En cuanto a Achab, apenas ha dejado marchar a Ben-adad, se presenta ante él un profeta y le dice: «Por cuanto soltaste de la mano al hombre de mi anatema, *tu vida será por la suya*, y tu pueblo por el suyo». Generalmente, los gestos brutales y crueles, a menudo insoportables, que aparecen en los libros de los Reyes, *constituyen una reacción del espíritu específicamente israelita a la dulzura del «soplo» maternal de los vecinos.* Los libros de Ruth, Tobías, Job, e incluso el Cantar de los Cantares, imprimen la marca de Moab, de Nínive, de la Arabia y de Sidón al árbol de Abraham, a la ley de Moisés, mientras que al mismo tiempo contienen las páginas más tiernas y nobles de la Biblia: son infinitamente superiores, infinitamente más puras que el Deuteronomio. Hay incluso algo verdaderamente sublime en el hecho de que esa «vecindad» no haya dejado ningún libro específico que la trate. Así, Israel fue capaz de *vivir* el Cantar de los Cantares en lugar de dejarnos *un monumento en forma escrita*. A propósito de esa magna obra, cabe anotar que adivinamos cómo conserva las huellas de los ritos de los «bosques sagrados». En cierta medida, constituye una traducción en palabras del pensamiento que presidía el plan de construcción del templo de Babilonia. En los Cantares nos reencontramos con las imágenes de Ezequiel que describen la actitud de Dios hacia Israel y al mismo tiempo asistimos a la vaguedad de unos personajes que dialogan entre sí, aunque apenas alcanzamos a escuchar un monólogo, suspiros y ansias que no se realizan jamás ni establecen contacto carnal. Uno tiene la impresión de que leemos a Heródoto describiendo las sensaciones nocturnas de aquella «mujer indígena» en los altos del misterioso templo:

«Yo dormía, pero mi corazón velaba: la voz de mi amado que llamaba: Ábreme, hermana mía, amiga mía, paloma mía, perfecta mía; porque mi cabeza está llena de rocío, mis cabellos de las gotas de la noche.

»Heme desnudado mi ropa; ¿cómo la tengo de vestir? He lavado mis pies; ¿cómo los tengo de ensuciar?

»Mi amado metió su mano por el agujero, y mis entrañas se conmovieron dentro de mí.

»Yo me levanté para abrir a mi amado, y mis manos gotearon mirra, y mis dedos mirra que corría sobre las aldabas del candado.

»Abrí yo a mi amado; más mi amado se había ido, había ya pasado: y tras su hablar salió de mi alma: busquelo, y no lo hallé; llamelo, y no me respondió.

»Halláronme los guardas que rondan la ciudad: hiriéronme, llagáronme, quitáronme mi manto de encima los guardas de los muros.

»Yo os conjuro, oh doncellas de Jerusalén, si hallareis a mi amado, que le hagáis saber cómo de amor estoy enferma.

»¿Qué es tu amado más que otro amado, oh la más hermosa de todas las mujeres? ¿Qué es tu amado más que otro amado, que así nos conjuras?

»Su aspecto como el Líbano, escogido como los cedros. Su paladar, dulcísimo: y todo él codiciable. Tal es mi amado, tal es mi amigo, oh doncellas de Jerusalén» (Cantar de los Cantares 5).

Por supuesto, que llegados a este punto podemos sonreír recordando los

... juegos de Baco y Cypris,

pero nos inhibe de hacerlo saber que estamos ante el pueblo más religioso de la tierra, el pueblo judío, que en el «*Shabbat* de los *Shabbats*», por la «Santa Pascua», lee precisamente el Cantar de los Cantares, y no el Éxodo o el Deuteronomio, que serían más apropiados como ejercicio de rememoración histórica. Y nuestra propia Iglesia, a pesar de ignorar también los

...juegos de Baco y Cypris,

e incapaz de cerrar los ojos al hecho de que el contenido del Cantar de los Cantares es puramente nupcial, ha reconocido que los Cantares no se refieren a nadie en particular, sean individuos o elementos de la naturaleza, sino que implican a toda esta última en su relación con el cielo y aluden al «manto» celestial que menciona Ezequiel. Volvemos, pues, a la hipótesis de Zöllner, al templo de «la antigua Belos», al sueño de Saís, a los suspiros de Sidón, a las reflexiones del «circunciso» Abraham bajo el encinar de Mamre, al otro lado de la circuncisión. Volvemos, pues, al lado oscuro ignorado por Abraham, que se enuncia en la enigmática exclamación de Sephora: «A la verdad tú me eres un esposo de sangre... Esposo de sangre, a causa de la circuncisión».

La «circuncisión» es precisamente un «noviazgo» y una «promesa» cuyo *cumplimiento* comienza con la llegada de la pubertad. «A los trece años, *con los primeros signos de madurez*, el judío se constituye en miembro de pleno derecho de su pueblo y *debe observar todas las abluciones rituales o preceptos religiosos*» (N. Pereferkóvich, *El Talmud: historia y contenido*, San Petersburgo, 1897, p. 91). En este punto volvemos a toparnos con una flagrante falta de imaginación —una *incapacidad de representarse las cosas*—, que es la causa de que este traductor del Talmud al ruso, junto a otros mil hebraístas e historiadores de la Biblia, todo ellos, por supuesto, conocedores de esa «regla secular», la sorteen simulando ser sordos y mudos, a pesar de que aquella les grita a la oreja su verdad con una voz infinitamente más fuerte que la del célebre «Código de Hammurabi». Cómo no deducir de esa regla (que dispone el cumplimiento de los «preceptos rituales» desde los 13 años) que la sustancia íntima del judaísmo, su sustancia entera, reposa no en los «preceptos», las «reglas», las «abluciones sagradas» o la ley de «Moisés y los profetas», sino única y exclusivamente en la maduración sexual de los jóvenes (varones y hembras) judíos, es decir, en la maduración de sus miembros, su cuerpo, y en el genuino epicentro del mismo: el *semen*. Cómo pudieron pasar por alto que el judaísmo es la religión del *semen*, nada más que del *semen*, solamente del *semen*. Que cuando el judío «practica» sus abluciones rituales, cuando salmodia sus plegarias, etc., no hace más que envolver y proteger «el semen del adolescente en sus trece años de maduración» y que *si ese semen no existiera, nada existiría, mientras que por el hecho de que este existe, se crea y madura* en cada uno de nosotros. Los sabios judíos, los judíos cargados de años y canas, desde Moisés y Abraham y, de hecho, desde Egipto, y en Egipto por vez primera, crearon todas esas abluciones rituales y demás ritos, estos y otros muchos más, los que queráis. Poco importa, el semen ya estaba en marcha, y habiendo un sujeto, ya encontraría su predicado. Lo que entre nosotros, en Europa, se llamó en un momento dado «gótico» y «caballería» para pasar a denominarse después «humanismo» y haberse convertido ahora en la fórmula «escuela y constitución», el judaísmo desde Memphis y Babilonia hasta Vilnius y Bialystok lo ha designado con un solo nombre invariable: «chico de trece años». Y todo Israel se pone a dar saltos alrededor suyo, a bailar, a festejar, a enloquecer de gozo, a delirar, a sacarse el gorro, a ponérselo, a farfullar palabras cuyo sentido se pierde en la propia farfulla, a no ser que prestemos oído. Entonces les escucharemos repetir: *«es para chicos como estos que ha sido creado el mundo...».* En verdad, se asemeja a lo que sobrevino con Apis en el año de su ascensión al reino... «¡Encontramos un nuevo Apis! ¡Encontramos un nuevo Apis!».[16] Y Tebas era ahogada por el clamor, y Egipto estaba de fiesta. El perplejo viajero que fue Heródoto preguntaba: «¿Qué es eso que habéis *encontrado*? ¿Por qué decís *"encontramos"*?». Y le respondían con sorna: «¡Mas claro que

[16] Gracias a su maestría y aplicación los egipcios consiguieron hacer cosas verdaderamente increíbles. Así, en este dibujo de Apis (fig. 22), el trabajo y el celo cultivados durante siglos realizaron un milagro en toda regla. Repárese en cómo se le ha conferido al toro un aspecto de *humanidad* y se lo ha dotado de un *rostro*, que parece el de un *inocente* niño de trece años que no adivina cuál es el motivo de la alegría que experimentan sus padres. Un júbilo similar al que sacudía a todo Egipto *«al encontrar a un nuevo Apis».* En este dibujo se ha conseguido plasmar ese evento. Indiscutiblemente, estamos en presencia de un Apis recién elegido, «viviendo su primer amanecer». Él mismo es un amanecer y ese amanecer se refleja en su rostro inocente, puro y adolescente, aunque ya adulto «en su perfección». Sin embargo, los Apis humanos de los hebreos alcanzaban la «perfección» a los trece años, mientras que los terneros de las vacas egipcias lo hacían al final de su tercer año de vida, según las leyes que regían entre ellos.

Fig. 22

sí! Hay un escarabajo bajo la lengua», una sorprendente «imagen en la frente» y otra semejante «en el
sacrum». Está claro que no era de eso de lo que se trataba, sino de que «Apis había alcanzado la madurez», de
la misma manera que el chico judío «hacía 13 años».
Tanto «el escarabajo» como «la marca» continuarán
estampados sobre Apis —no podrá ya escapárseles—,
pero en cuanto «su hora hubiera pasado» (la vejez, la
impotencia sexual), le serían retirados todos sus atributos, coronas y estrellas y ya no sería ni siquiera un
«toro», sino un mero animal. No uno al que se elimine
—los egipcios eran demasiado delicados para incurrir
en tamaño desmán—, pero sí un animal «abandonado», «inútil», uno que había dejado de ser como Apis.
Volvamos, sin embargo, al asunto de los chicos judíos.

De acuerdo con esa costumbre milenaria, para los
judíos la circuncisión constituye el punto de partida

del «reconocimiento de la plena ciudadanía» o, para expresarlo con nuestra terminología, de la imposición de la «toga viril». La ciudadanía, para decirlo con propiedad, parte de ese punto donde se practica la circuncisión y depende de su ritmo. Concluiremos este capítulo, algo arqueológico, con una descripción sorprendente del *shabbat* judío debida al Sr. Pereferkóvich antes citado. Una descripción sorprendente. Tan sorprendente como el templo de Belos. Anotemos antes que el «sábado» comienza la tarde de su víspera y concluye a mediodía, lo que nos permite adivinar que su centro es precisamente la noche. El sábado constituye el ritmo, el incesante golpear de un pulso que cuenta ya 4000 años:

«Se prohíbe trasladar un objeto de un lugar a otro, de tal manera que la noción de desplazamiento se escinde en dos momentos distintos: aquel en el que la cosa *es levantada* de un lugar y aquel en el que *se la pone* en otro. Resulta, pues, que uno puede transgredir esa prohibición incluso sin moverse del lugar: basta *levantar* un objeto en un lugar y *ponerlo* en otro. Los sabios rabinos distinguen cuatro zonas: 1) una *zona ilimitada*, desprovista de fronteras, llamada *reshout ha-rabim* (queda comprendido en esta categoría todo espacio que carece de límites en cualquiera de sus lados); 2) una *zona limitada*, llamada *reshout ha-yahid*, que es, de hecho, una *zona privada* y comprende todo espacio cerrado por todos sus lados (por ejemplo, un patio o una fortaleza, cuyas puertas se cierran al caer la noche, etc.); 3) una zona intermediaria entre las dos precedentes, llamada *karmelit* (por ejemplo, el mar o un callejón sin salida, cerrado por tres de sus lados); y 4) un *espacio abierto*, llamado *makom patur* (comprende las elevaciones o depresiones, que pueden ser considerados como cercados por todas partes). No solo se considera una transgresión el desplazamiento de un objeto de una zona a otra. También lo es realizar un traslado *en el interior de una zona ilimitada o intermediaria (karmelit)*, en espacios cerrados por los cuatro costados. Solo se permiten los desplazamientos dentro de zonas limitadas, con independencia de cuál sea su extensión. Sin embargo, hay establecida una distinción entre la zona limitada que pertenece a un particular y aquellas cuya propiedad es compartida por varias personas. Se prohíbe trasladar objetos de una zona limitada a otra. Por consiguiente, está prohibido, por ejemplo, sacar un objeto de la casa al patio, aun cuando se trate de una zona limitada, porque los vecinos comparten derechos sobre el último...».

De ello se desprende la existencia de un extraordinario olfato *para las zonas habitadas por humanos*. Digamos que estamos ante un olfato apto para captar *los espacios, las estancias* y distinguir los olores, según los márgenes de habitabilidad de las diversas zonas. En San Petersburgo, Berlín o París, estamos ya totalmente incapacitados para percibir esos olores, lo que explica que hayamos perdido para siempre la posibilidad de conocer el verdadero motivo de la distinción de tales espacios sabáticos. Pero debemos confiar en ese motivo, creer, por tanto, que hay «algo más» detrás de él, una realidad «sobreentendida» e importante que se oculta a nuestra mirada. Ahora comienza la parte del *shabbat* que somos capaces de comprender:

«Para que la extracción de un objeto al patio no sea transgresora, *todos los vecinos deben formar una sola familia*»...

Y aquí viene *la parte positiva* del *shabbat*, lo *deseado, requerido, exigido:*

«...una sola familia, de cuyo ficticio cabeza y jefe dependan materialmente todos "los miembros de la misma", aunque habiten casas diferentes. Como símbolo de esa relación "parental" entre personas totalmente extrañas, servirá la ofrenda de una hogaza de pan que hagan todos los vecinos a una de las personas que comparta el patio.[17] Mediante ese acto, todas las casas que comparten un mismo patio se unifican, "se mezclan", de manera que pasan a conformar una zona privada única. A ese acto lo denominan *erouv*, es decir, "mezcla", y gracias a él se hace posible trasladar un objeto de la casa al patio y viceversa».

---

[17] ¡Leed atentamente y veréis hasta qué punto esto es sorprendente! Y *nuevo para Europa*. «Aporta un olor enteramente distinto», un olor a «establo caliente». Introduce el «escarabajo estercolero egipcio» en las frías calles septentrionales, nuestras calles, por las que creemos haber sacado a pasear las nociones de «libertad, igualdad y fraternidad», cuando lo cierto es que no hay fraternidad alguna entre nosotros. «¿Por qué habría de haberla?», parecemos preguntarnos. Aquí el problema se resuelve gracias al «escarabajo estercolero»: cada sexto día, en vísperas del séptimo, los vecinos imaginan y, de acuerdo con lo que dispone la ley religiosa, se perciben como parte de «una misma cuadra», «un mismo establo», «una misma familia» que comparte un «alimento común». El «escarabajo» lo ha resuelto todo y establecido la paz sobre la tierra o, al menos, en la tribu que lo venera en el misterio.

Uno no termina nunca de sorprenderse al leer esas cosas que denotan un cierto paralelo con la *mikhva* (la inmersión ritual de hombres y mujeres judíos en el agua lustral). No estaremos incurriendo en ningún error filológico si decimos que los judíos se sumergen en su *shabbat* «en familia», en «comunidad» y conscientes de un sentido de la magia, de la profecía. Se hunden en el corazón del *shabbat* permaneciendo ocultos durante veinte horas al ojo escrutador de los europeos. Verdaderamente se hunden en «sí mismos» y podemos decir que los judíos están «revestidos de *shabbat*».

«El día de *shabbat* está prohibido alejarse de la ciudad a una distancia de más de dos mil codos. A esos efectos, se establecen las medidas del *ibbour*, un espacio rectangular que rodea la ciudad y cuyos lados corresponden a los cuatro horizontes, según el principio del cuadrado del mundo. Sobre cada uno de estos lados se erigen los trazos sabáticos o *tehumim* o rectángulos, uno de cuyos lados es igual al lado correspondiente del *ibbour* y el otro a dos mil codos.

»Con el fin de poder realizar alguna prescripción *mitzvah* al otro lado de un *tehum* en día de *shabbat* se permite, antes del comienzo de éste, efectuar un traslado ficticio de la vivienda a un lugar desde el cual no esté prohibido desplazarse hasta el lugar de residencia habitual o cualquier lugar requerido. Una vez más, la ingestión de alimentos en común sirve de símbolo de esa nueva vivienda».

Esto es alucinante. Absolutamente alucinante. Y resulta extraño para los europeos, incapaces de establecer cualquier punto de «comparación» con ellos mismos en el ámbito de su cultura. El *shabbat*, tal como se presenta hoy ante nosotros o leemos en las descripciones escritas, *se implanta territorialmente, se lo traza sobre el suelo*. He ahí su particularidad. Se trata de una «fiesta del *emplazamiento*» donde va a tener lugar una celebración cualquiera. Según una costumbre judía que alcanza a todo lo verdaderamente importante, no se nos dice «*qué*» es lo que se celebra. De la misma manera que no se nos aclara a propósito de los chicos por qué se celebran precisamente los «trece años». Mas nosotros afirmamos, salvando toda reticencia, que si la «fiesta» es objeto de un trazado sobre el suelo es porque también el templo posee el «suyo». He ahí el verdadero sentido del «*shabbat*»: está en las «casas consagradas», «cabañas» y «tabernáculos» situados junto a cada familia, cada clan, cada parentela que «come de una misma mesa», en esos lugares invisibles a las miradas profanas y cuya comprensión solo son capaces de alcanzar los judíos. Carecen de «templos», sí, pero poseen el *shabbat*. Y en efecto, el *ibbour* no es más que el *patio* del «templo», más allá de cuyos límites no se puede pasar sin interrumpir la «celebración», sin destruir el «templo». La «zona limitada», el «patio» que con su jefe y sus «panes de ofrenda» reúne a todos los inquilinos, aunque sea de manera ficticia, en «una sola familia» constituye el «santuario» de ese templo: nada se puede «extraer» de sus márgenes y nada se puede «introducir» en ellos, porque adentro todo pertenece a Dios, mientras que afuera, en el «mundo», «todo Le es ajeno». En el templo de Salomón y en el arca de la

Alianza de Moisés había también una zona «sabática», alegre, elevada, la más santa, el *Sancta Sanctorum*. ¿Qué corresponde a ella en la actual «construcción» del templo, es decir, en el *shabbat* semanal de los judíos? Abramos la puerta, traspasemos el umbral. Penetremos en el *ibbour*, en el «patio», en «el corazón del *shabbat*», hasta llegar al punto de convergencia más interior y más íntimo. Estemos «en familia». Ante nosotros tenemos a Abraham, hasta ayer Abram. A su lado está Sara, recién salida de la Saraï de los viernes. Junto a ambos el «candelabro», los niños, las «flores de almendro» vivientes que reproducen los brillantes botones de los almendros de los templos antiguos.

«Para los rabinos», concluye el Sr. Pereferkóvich, «el *shabbat* representa un mundo absolutamente particular, un mundo ideal que nada comparte con el agitado trasiego de nuestros días. En el mundo del *shabbat,* no existen para los judíos más que las cosas indispensables, como los alimentos y los vestidos sin los cuales sería impensable la vida en ese día y que han sido *preparados* de antemano para ser utilizados. Se los designa con el nombre de *muhan*: la provisión. Todo lo demás, aquello de lo que no se precisa durante el *shabbat* permanece fuera de su mundo y constituye el *mouktzeh*: la excreción. También permanecen fuera del mundo sabático aquellos objetos que aún no existían en el momento del comienzo del *shabbat* (por ejemplo, un huevo puesto el propio *shabbat)*: a estos últimos se les llama *nolad, los nacidos después.* Está prohibido tomarlos en la mano o utilizarlos en la comida del día de *shabbat*».

¡Qué fiesta tan sorprendente! ¡Y cuán poco se parece a las nuestras! Toda ella reposa sobre la idea de aislarse del mundo, de apartarse de la tierra, de alcanzar una cierta «elevación espiritual» que se confunde con los deseos de la «carne»: no se puede «tomar en la mano» nada que no sea «sabático», no se puede ir más allá de los límites marcados por las últimas *tehumin*, no se puede introducir nada profano y ajeno en la parte más recogida e íntima del «cuadrado del mundo». «En la última torre se encuentra un gran templo y dentro del templo hay una gran cámara bien puesta... no está colocada allí estatua ninguna, y no puede quedarse de noche persona alguna, fuera de...» (Heródoto I, 181), «fuera de los hijos puros como víctimas» de Sara, aquella que había reído bajo la encina de Mamre y de «el padre de la multitud». «Entonces Jehová dijo a Abraham: ¿Por qué se ha reído Sara...? Al tiempo señalado volveré a ti, según el tiempo de la vida, y Sara tendrá un hijo» (Génesis 18, 13-14).

Así, de sábado en sábado, el pueblo judío mantiene un ritmo que lo ilumina desde dentro, mientras nosotros buscamos la iluminación a los lados, arriba o abajo. Pueblo de luz inextinguible, ha descubierto la *santidad* de la creación precisamente en ese súbito desprendimiento de chispas del ser, donde nuestra visión del mundo ha situado al *pecado*. Nosotros nos hundimos en el «pecado» y solo después, más tarde, buscamos ayuda, soporte, muletas que nos ayuden a superar una existencia culpable ya en su naturaleza y su origen. Ese pueblo, por su parte, está todo impregnado, gracias a una «brisa celestial», de una ligereza contemplativa: «Bendito sea Dios, el creador de la luz». Carece, al mismo tiempo, de centros de cohesión externa, salvo los que le vienen impuestos por una necesidad defensiva. El centro de su cohesión, es el *shabbat*, «cierto lugar ideal». Una noche misteriosa en cuyas vísperas se enciende el candelabro. «Harás además un candelero de oro... su pie, y su caña, sus copas, sus manzanas, y sus flores, serán de lo mismo... tres copas en forma de almendras en él un brazo... y en el candelero cuatro copas en forma de almendras, sus manzanas y sus flores... y mira y hazlos conforme a su modelo, que te ha sido mostrado en el monte» (Éxodo 25, 31-34, 40). Un pueblo casi errante, nómada y acompañado siempre de su plétora de «profetas» vociferantes y «silenciosos y pacíficos artesanos» —según los vieron y describieron los cinco exploradores que viajaron a Fenicia— y, sin embargo, después de cada enfrentamiento, cada acto de resistencia, pagando el precio de su sangre ardiente y generosa vertida en abundancia, se apartaban del lugar de sus «peregrinaciones»... Roma se desintegra desde dentro; Grecia muere extenuada. «Las murallas de la ciudad tiemblan bajo los golpes del enemigo mientras ustedes, ciudadanos, pasáis el tiempo en el circo y os divertís en las carreras de caballos», escribió creo que Salviano dirigiéndose a los «suyos» en la época de la decadencia. Qué testimonio de postración. Parece que estemos ante un cadáver incapaz de levantar la mano para ahuyentar al perro que se acerca a olfatearlo. Sin embargo, qué difícil le resultó a Alejandro de Macedonia «doblegar» a la ciudad de Tiro «resplandeciente en medio de las piedras de fuego». Qué felina tenacidad. Idéntico esfuerzo le costó a Tito arrancar a Sión de su «altura». La estrecha franja de tierra que sigue al Nilo «húmedo», «limoso», «celestial» (Homero) solo pudo ser conquistada por Cambises, amo de toda el Asia anterior, tras cuatro mil años de una infatigable existencia. Por doquier, en cada uno de estos casos, quedaron la destrucción y las masacres orilladas en los caminos de las conquistas...

Pero incluso después de la victoria de Cambises, *Mizraim* continúa teniendo una fastuosa vida cultural. «Bendito sea Dios, el creador de la luz». ¡Cuán tenaz, resistente y ardiente se manifiesta esa luz especial del *shabbat* y la «flor de almendro» y cómo parece bullir la sangre cuando se le acerca el cuchillo que le trae la muerte! ¡Cuán profundamente se hundieron en la «madre tierra» las «raíces» de esas tribus! Y qué testimonios nos dejaron en la palabra (la Biblia) o en la piedra (¡¡las pirámides!!). Los cartagineses estuvieron a punto de destruir Roma: *Hannibal ante portam*... Pero los pueblos de la circuncisión, aunque sea en el último instante y por «desarraigados» que estén, rechazan la *descomposición*, tan propia de la idea de la muerte que comparten los arios, repudian el *olor a cadáver*. Para ellos no existen las arrugas de la vejez, el relajamiento de los músculos, la *Weltschmerz* o «aflicción universal» o la «anarquía social». Creadores de vida, «obedeciendo altas leyes, implacables y eternas», *han excluido la idea de la muerte del nervio mismo de la existencia*, «no aceptan la idea del no ser», según la expresión de Platón en el *Fedón* a propósito de la inmortalidad del

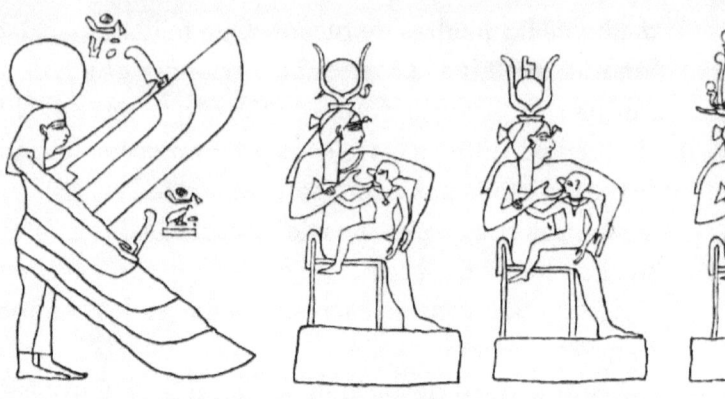

Fig. 23. Maternidad egipcia protegida, guardada y «calentada» por los ángeles. Ninguna civilización produjo jamás imagen semejante y, por ende, igual pensamiento; ninguna fue capaz de extraer de su savia, y mostrar, una imagen de esta índole. No hace falta ver más nada para alcanzar una cabal comprensión de

alma. *Entre los arios, por el contrario, el «dardo» de la negación, se ha clavado en las raíces del ser* y esa «negación punzante» palpita en sus venas. Los arios viven en la muerte y veneran un sepulcro.

Hasta este punto nos hemos estado ocupando de los detalles del ritual. Detengámonos ahora en uno de sus momentos más relevantes. Desde los tiempos de Tobías, en Nínive, los judíos que tocaban un *cadáver* por azar o necesidad no podían entrar en la *casa de santidad*, sede del «ser», de la «confirmación» del pacto, donde se tejía la trama misma de la vida, hasta el «día siguiente». Todavía hoy los judíos abandonan los cuerpos de una esposa difunta, de una madre o un hermano en una fosa sin ceremonia ni fasto alguno, sin señales de deferencia, mostrando disgusto y una repugnancia religiosa. El *cadáver* es para ellos *el padre*

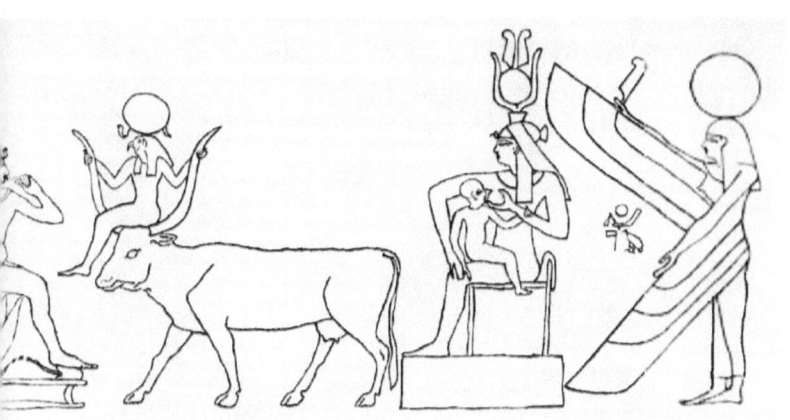

lo que era Egipto y cuál era el objeto de su existencia. Para entender la razón por la que Dios «lo convocó a participar de la historia». Este dibujo aparece en el arquitrabe de una de las grandes salas del templo de Erment (Lepsius, *Denkmäler aus Ægypten und Æthiopien*, Berlin, 1849-1858).

de los padres de la impureza. Esa actitud nos horroriza. Sin embargo, tras esa costumbre aparentemente odiosa se esconde una gran profundidad de pensamiento, una intensa sensación de vida, una clara distinción entre la vida y la muerte. Nosotros besamos a los muertos con mucha más veneración que a los vivos. Incluso los «reverenciamos» un poco. ¡Cuánta belleza hay en nuestros ritos fúnebres! Pero ¿qué sentimientos se esconden detrás de tales costumbres funerarias? ¿No será, acaso, que hemos perdido la capacidad para distinguir entre la vida y la muerte? ¿No será que esos ritos nos permiten permanecer en los predios de la muerte, como si aún estuviéramos vivos? Y, como diría Platón, ¿no será, en términos simbólicos, que hemos «*aceptado la idea del no ser en el seno de nuestro propio ser*»?

He ahí el «dardo de la muerte», la «idea del no ser» que palpita en nuestra sangre.

Fig. 24. Moneda de bronce de la ciudad de Byblos en la que está grabado el modelo del templo fenicio reproducido en la fig. 21.

Detalles y particularidades
(de cómo aparecieron los «misterios
egipcios» y otros «misterios antiguos»)

Ahora que me dispongo a dar este libro a la imprenta y cuando ya he meditado largamente todas las
ideas vertidas en «Desde el fondo de los tiempos»,
mientras corro a la tipografía con las galeras en la
mano, voy rumiando mis pensamientos y me pregunto:

—¿Acaso la ciencia, la historia, la teología, la ar-
queología, la filología griega e incluso la sociología
actual, se plantearon de veras «*la pregunta por el sentido* de los misterios egipcios, los misterios del Asia
menor, de Eleusis, Samotracia, Creta, etc.»? Dicho en
otros términos: ¿acaso es posible que ciertos espíritus
y ciertas mentes pudieran pasar por alto que si la celebración de un «matrimonio» consiste en un banquete
y una fiesta a la que todo el mundo tiene acceso, entonces dicha celebración es apenas un «preámbulo» y
no un «libro» propiamente dicho, cuyo genuino «cumplimiento» permanecerá «*oculto a los ojos ajenos*» («*No
se admite a nadie* salvo a los participantes», «*nunca y a
nadie se le dejará saber lo ocurrido*»)? En resumen, que
esa «realización» comporta en sí misma, hasta en sus
detalles más nimios, todas las características de las
que da testimonio unánime la antigüedad: «Nadie ha
visto jamás los misterios de Egipto, los del Asia Menor,

etc., nadie puede relatárnoslos y se prohíbe, en definitiva, hablar de ellos», etc.

¿Cómo pueden entonces escribir todos esos tomos y artículos? O actuar como Lobeck, cuyo cerebro parece relleno de estopa, quien sostiene en las conclusiones de su enorme trabajo en dos volúmenes destinado a «catalogar todos los testimonios de la antigüedad» que «es evidente que los misterios de Eleusis no entrañaban nada en particular» o en todo caso «nada que podamos conocer». Otros eruditos contemporáneos adelantan las más conspicuas hipótesis e incluso llegan a afirmar que «probablemente, los misterios constituían un lugar de reunión de conjurados destinados a fomentar la destitución de tiranías u otras formas de poder». Leo esas cosas con mis propios ojos y me los froto con estupor: ¿cómo es posible que tales sandeces hayan alcanzado la letra impresa?

De la misma manera que existe una «metafísica» que sucede a «todas las demás ciencias» y se encarga de establecer desde fuera los objetos de estudio de esas ciencias, habrá algún día que redactar un «epílogo» a las «ciencias» y sus «conclusiones». Allí cabría preguntarse cómo ha sido posible que los sabios se dejaran arrastrar tantas veces por cuestiones secundarias que habría repudiado hasta el espíritu de un hombre sin estudios. Porque basta considerar la serie de «dobles divinidades», una masculina y otra femenina, que se repite sin excepción en todas y cada una de las religiones antiguas —«Zeus y Hera», «Baal y Astarté», «Osiris e Isis», «Adonis y Cibeles», etc., etc., etc.; nada importan aquí los nombres—, para descubrir la clara evidencia de que todas esas religiones son religiones de la «familia» o religiones «conyugales». En todo caso, y esto sí es evidente, son religiones «masculino--femeninas» y, por consiguiente, religiones del sexo. En todas ellas el «sexo» es el rasgo más sobresaliente. En todas ellas se llama a *no manifestarse, a esconderse, velarse, rehuir los nombres, las palabras, las apelaciones*, y se lo hace siempre con cierta «violencia», «se castiga toda revelación»... La suma de todos esos indicios nos

Fig. 25. Ejemplo de divinidades orientales. Enéada tebana, en la que junto a cada divinidad masculina aparece la divinidad femenina correspondiente. «Donde no hay *dos*, no puede haber *vida*». Se trata de la misma disposición de contigüidad que establecen los humanos en la tierra.

dice claramente que estamos en presencia de «misterios». E incluso si por culpa de alguna catástrofe histórica o a la destrucción de las bibliotecas, los cronistas y los historiadores no hubieran conservado el menor indicio de los «misterios de la antigüedad», les bastaría observar el plano de planta de un templo caldeo con su «capilla en lo alto» y la estructura de un templo fenicio con su «fetiche masculino» en el interior para concluir que «la existencia de *misterios* es un hecho incontestable en el seno de todas *esas* religiones». E incluso para explicar «en qué, poco más o menos consistían tales misterios»... Todo esto resulta perfectamente comprensible para cualquiera, excepto para los sabios, tan poco dados a la deducción. El viejo Lobeck ignora lo que Julieta, con sus apenas catorce años, por supuesto, conocía.

«¡¡¡Ah, claro, es que son *misterios*!!! ¿Acaso se los puede andar *divulgando* por ahí libremente? ¡¡¿Acaso es de gente decente hablar de ellos *abiertamente, en plena calle?!!*». Y Julieta le pegaría una bofetada a todo aquel que balbuceara de esa guisa: «¿Y por qué no se puede hablar abiertamente de eso?», le espetaría.

Bien merecida tienen los sabios esa bofetada de Julieta. Vergüenza, vergüenza y más vergüenza para ellos. Yo, entretanto, me rasco la nariz y me pregunto cómo tamaña vergüenza ha podido tener lugar. «¿Se interrogaron, en serio, sobre Eleusis y Egipto? ¿No fueron presa ni un instante de las dudas?». «¿Reflexionaron? ¿Pesquisaron los documentos?». Si lo hicieron, parece ser que no dieron con ninguno. Decididamente, en ningún lugar y en ninguna literatura aparece ni una palabra *a ese respecto*, porque se trata de *un secreto inherente a la naturaleza misma de las cosas*, de cualquier cosa, que «*no se muestra a sí misma*»: todo el mundo está al corriente, hasta los niños. Absolutamente todos, con la sola excepción de los estudiosos.

«Hay algo importante en la casa familiar, a lo que nadie puede acceder con la mirada...». «No se trata de nada penoso o maligno: pero no se lo puede ver». Es algo que no se deja desvelar, que permanece oculto al mundo. Oculto, incluso, «a sí mismo», ajeno a toda intervención, a toda conminación. ¡Claro que hay signos de sobra de un «misterio»! Y ello explica que «jamás se hable de ellos». «Nadie y jamás»: ¿acaso no bastaba la presencia de esas dos admoniciones para descubrir siquiera algo de lo que se ocultaba, de lo que todavía, hasta el día de hoy, «jamás y nadie vio», incluidos los propios sabios? «Jamás y nadie». Sin embargo, nunca se les pidió a los sabios que fueran cómplices del «encubrimiento». Habría bastado que hubieran dicho, por ejemplo: «Nosotros sí sabemos, en todo caso, de qué se trata». En lugar de eso han preferido decirnos: «nada sabemos». Y más: «es imposible sacar algo en limpio de todo esto».

Una leyenda cuenta que Astiaga, rey de los medas, «soñó una noche que del sexo de su hija crecía un árbol cuyas ramas llegaban a cubrir toda Asia». ¡Qué sueño más característico en un hombre del Oriente! Desde el comienzo de esta investigación, soy víctima de otra imagen: un árbol seco, totalmente desprovisto de follaje, carente del más mínimo atisbo de verdor crece dentro de un cráneo. Sus ramas y espinas van penetrando las cabezas de los sabios, ocultándoles los monumentos y las plegarias que tienen ante sus ojos. Escondiéndoles los testimonios donde los pueblos «han escrito por sí mismos su propia historia», monumentos «en los que se ha *representado en imágenes*»:

—a quiénes elevaban sus plegarias...

—a quiénes adoraban...

—a quiénes presentaban sus ofrendas...

—en honor a quiénes erigían sus templos...,

y todo ello puesto sobre las palmas de sus manos. Todas las evidencia a la vista. Sin embargo, los sabios, en lugar de *describir* todo eso que se les mostraba, se dedicaron a elucubrar las hipótesis más extrañas e inverosímiles.

Vuelvo a acordarme de Julieta... ¿Acaso no sirve esa joven de ilustración «metodológica»? ¿Es que a alguien que haya visto las auténticas estatuas de Osiris o los dibujos que muestran la «veneración» de que eran objeto, le puede parecer discutible la *verdadera esencia* de la religión egipcia? Los egipcios buscaban al «Padre»... Todos sus pensamientos giraban en torno a la «paternidad y la maternidad». De ello nos hablan con prístina elocuencia los monumentos religiosos de Egipto, Fenicia, Siria o los judíos. Nos lo dicen a gritos convocándonos a comprenderlo... Desde el Nilo hasta Grecia tuvo lugar el nacimiento de una colosal religión de «la paternidad y la maternidad» y, por consiguiente, una religión de la «creación y la afirmación del ser»... Nunca dejaron de merodear esos pueblos en torno a los «enigmas de la vida» y por qué no decirlo, en torno «al Enigma y al Secreto de la vida»... Todo eso ha estado bien presente en los «misterios». A veces se lo ha mostrado sin ambages. En algunas ocasiones se ha ido incluso un poco más allá y se ha desarrollado el meollo del asunto. La «casa familiar» es también una casa donde cabe el mundo entero y por supuesto también los animales (Egipto). Ello es perfectamente comprensible... ¿Podrá incluir también al Sol? Extraña pregunta esa, cuando es sabido que «es él quien hace crecer la hierba en primavera»... ¿Misterios? Oh, sí, «misterios» habrá muchos más que los que se alojan «en nuestra casa familiar», porque lo que está en trance de «nacer» es un mundo prodigioso, enorme, inefable, magnífico. ¡Qué prístina claridad! ¡Cuán evidente es todo! Uno se pregunta qué buscan entonces los sabios... ¡Cuando todo está ante sus narices! Las propias religiones nos revelan en sus rasgos más vivos la manera en que se «conformaron». Todo está allí tan claro como lo están las palabras con que los sabios conforman sus frases: «tema de las investigaciones», «objeto de estudio», «ausencia de indicios»... Y también nos lo enseñan la inocente sonrisa de Julieta y el «coscorrón» propinado a los sabios, quienes avanzan con los ojos vendados a sabiendas y «se empeñan en buscar, cuando son incapaces de encontrar nunca nada»...

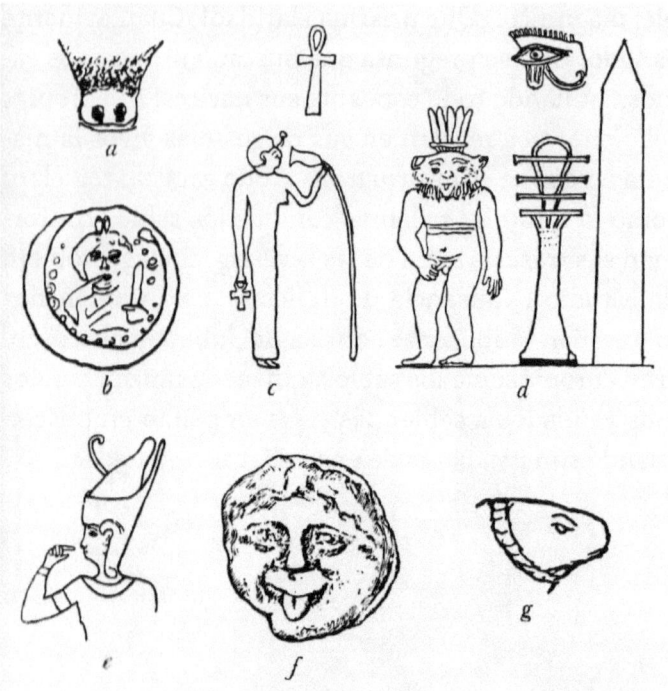

Fig. 26. b) Rostro de Isis. Reproducido en la fig. 6; d) Erment.
Tomado de *Denkmäler aus Ægypten und Æthiopien* de Lepsius, vol. 5,
folio 97. Asociación extremadamente rara de una figura masculina, nombrada Bes, con un ojo y un obelisco. La propia figura
es de aparición harto común; e) Muy frecuente en los templos
egipcios. Prácticamente no hay expedición científica que no re-
produzca esta imagen en sus informes; f) Moneda de bronce de
la ciudad de Olbia, ss. III-IV a. C. Monedas como esta se encon-
traban en todas las ciudades de la Antigua Grecia. En numismá-
tica, se las suele denominar «*la masque imberbe de face avec langue
tirée*», y nunca se ha dado explicación alguna sobre ella.

La Afrodita de Cnida[1] y la mujer egipcia

Pero, qué es esto:

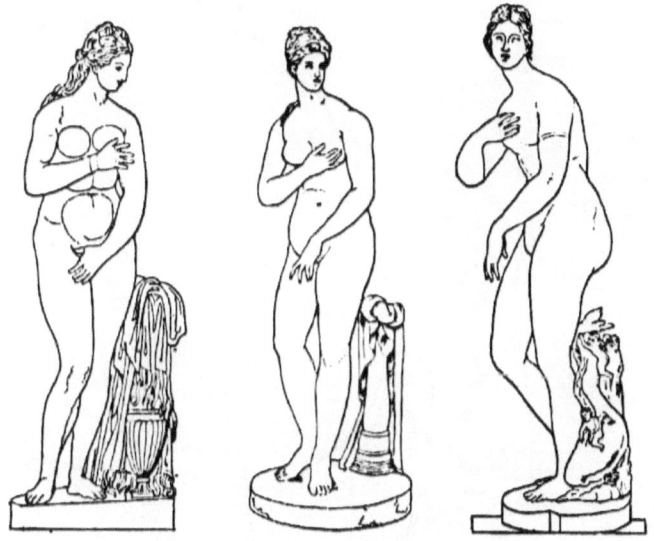

Fig. 27. Belleza sin biografía; fig. 28. Belleza sin porvenir;
fig. 29. Belleza «del ahora inmediato».

Fig. 30. Belleza carente de cualquier contenido.

[1] Figs. 33 a 36. La Afrodita de Cnida esculpida por Praxíteles y tantas veces reproducida en las monedas de Cnida (Caria, Asia Menor) ha servido de modelo a todas las Afroditas que se exponen en los museos.

comparado con esto:

Fig. 31. El porvenir.

Se bañe o no en una «concha» o «emerja entre la espuma de las olas», siempre será igualmente empírica. Son poses que tan solo *interesan* al pornógrafo.

¿La belleza? Es asunto en sí minúsculo. Ya vendrá «después» y «por sí misma». Quien ore como lo hace una madre, siempre será capaz de alcanzarla.

La primera oración del mundo

Fue una *Madre* quien pronunció la primera oración. Aterrada por el mal que se había cebado sobre su hijo, alzó los brazos al cielo y exclamó: «¡Ah!».

Fig. 32. Imagen muy común en los templos egipcios.

E inmediatamente añadió: «¡Ayúdame!». «¡Ayudadme!».

¿Por qué ayuda clamaba? ¿Acaso pedía a las estrellas? ¿Al cielo, quizás?... ¿De dónde vienen el Sol y la luz? ¿De dónde viene la vida?... En efecto, sin Sol no hay vida. Y ella clamó: «¡Solecito, ayúdame! ¡Sánalo, solecito!».

¿Es sombrío el destino? «Pues, también a él dirijo mis oraciones». «A uno o a otro, no sé bien»... «A quienquiera que lo pueda salvar».

A la mañana siguiente se levantó el Sol, calentó el cuerpo del pequeño y este se encontró mejor.

«Ya lo veis», dijo la madre a sus vecinos, colmada de gozo.

Sus vecinos comentaron a otros lo ocurrido. Los ancianos apreciaron y comprendieron el gesto y reprodujeron sobre innumerables bajorrelieves de Egipto a *la fundadora del amor, la esperanza y la fe: la madre*.

Después, se añadieron otros elementos. Reflexionaron sobre lo ocurrido y fueron añadiendo más y más añadidos. Y así nació *la religión*. Pero su «letra inicial» fue una oración pronunciada por la madre que elevó sus brazos al cielo por encima del cuerpecito de su hijo enfermo.

Esto sucedió tan pronto y hace tanto tiempo que aún no existían los profetas, los legisladores o los sabios. Tampoco había escritura, ni letras, ni jeroglíficos. Los hombres, simplemente, dibujaban. Es por eso que dibujaron la primera oración que tuvo lugar en la tierra sin comprender «aquello» que dibujaban, aunque sabiendo que el dibujo era bello y que se correspondía con la verdad. Que «hay que elevar los brazos», que «cuando duele en el alma, lo que se desea es alzar los brazos y musitar una pocas palabras».

«Desde el nacimiento de Egipto hasta su conquista por Cambises pasaron tantos siglos como entre la guerra de Troya y el nacimiento de Napoleón Bonaparte». En la época de los primeros egipcios no existían siquiera salvajes animados por un «fetichismo material». Así que esa primera fe no provenía de «la adoración de las piedras» como han sostenido ciertos historiadores ni de un «culto a los tabúes primitivos», como afirman otros. Tampoco debe su origen a que los «sacerdotes hubieran enseñado» a unos pocos el culto del Dios único o el de «múltiples divinidades». Hubo una fe primordial, porque un día una madre se dolió «¡Ah!» y elevó sus brazos al cielo mostrando a su hijo que lloraba y sufría.

Esto sucedió hace tanto, tanto tiempo, allá en el alba de los días, que todavía eran escasos los habitantes de la tierra. Aún no había amanecido.

Más tarde se dirá que el hijo de la primera madre «sufría de vientre» y que ella gritaba, corría y volvía a gritar: «¡Ah! Ayúdame, solecito, y calienta el menudo vientre de mi niño». Y elevaba los brazos hacia los rayos de sol. Y los rayos lo calentaban, y el niño, de veras, sanaba.

Los europeos, que en materia de religión son amigos de la castración y las pulsiones salvajes, se han dedicado a elaborar todo tipo de explicaciones que concluyan que «la religión es una invención de los sacerdotes». Ello sin reparar en que ya antes de que aparecieran los sacerdotes tuvo que existir una religión que estos pudieran «oficiar». La religión es, pues, anterior a la existencia de los sacerdotes. Y es anterior, entonces, a la teología, cuyo tema de reflexión es «la religión», lo que implica que esta última ya existía.

Y, ¿de dónde es que ha salido? O, mejor dicho, ¿de quién proviene la religión? Este dibujo lo explica, lo ilumina:

—Viene de la *Madre* que pide *ayuda*.

Cómo nació la imagen de Isis

Bien pudo haber sucedido lo mismo que entre las vacas.

Bien pudo haber sucedido lo mismo que entre los perros.

«Agárralo con los labios y bebe la leche».

¿Acaso no son capaces de beber agua los caballos? Bien pudo haber sucedido lo mismo entre las mujeres.

Pero aquí surgió una suerte de ángulo agudo.

La idea es la siguiente:

«Jamás existirá cosa más hermosa que una mujer amamantando a su cría».

Palabra de Dios.

Fig. 33

Y los hombres dijeron todos a una:

—Bien.

Fue así que apareció la imagen de Isis.[2]

[2] Los egipcios son un pueblo verdaderamente genial, tanto en asuntos de religión, como en los ámbitos de la moral y el arte. No solo no basaron su religión en nociones abstractas como «el creador del mundo», «dios», «el espíritu», etc. Tampoco lo hicieron sobre «los ancestros», «los abuelos», «los fundadores» o «los primeros héroes» o «los reyes», sino que adoptaron aquello que era lo más tangible para cualquiera, lo más inmediato para cada hombre: el padre, «nuestros padres vivos», «nuestras madres vivas». Y repárese en lo principal: vivos y presentes. No se trata de los «difuntos», «los antiguos» o «pretéritos» a quienes acudieron tantos otros pueblos vueltos hacia un pasado «olvidado», «oscuro», «arqueológico». Ese gesto de los egipcios tuvo consecuencias extraordinarias, al conferirle a su religión una frescura, una vitalidad y una fuerza excepcionales. «Es natural que cada uno ame a su propia madre por encima de todo» y es por ello que ante todo egipcio brillaba una idea clara: «Parece que mi madre es Isis». La «religión», el «ser», lo «celeste» y lo «individual» se habían fundido de tal manera que «los morros de las vacas entraron a casa» y «el cielo descendió hasta el seno de nuestros dormitorios». Pero ¿qué fue, exactamente, lo que encontraron los egipcios en la madre y la maternidad? Pudo haber sido «el afán», «el gusto por el ámbito doméstico» o «la solicitud hacia los niños». En lugar de eso, los egipcios fueron el único pueblo en la historia universal y entre todas las civilizaciones de Oriente que eligieron para representar a Isis —tal como yo he conseguido mostrar— «el pequeño ángulo de la maternidad", el más agudo, el más apasionado, el más tierno, aquel que deja ver a una madre amamantando a su criatura. Ningún otro pueblo fue capaz de hacerlo y aunque es cierto que en una ocasión vi un dibujo caldeo que representaba el mismo tema, este no consiguió «instalarse» más que entre los egipcios. ¿Por qué no se mantuvo también entre los caldeos? No hubo el suficiente gusto, ni hubo comprensión. Solo los egipcios se percataron de que en esa imagen radicaba lo esencial, ella era el centro. Y por eso dotaron a la «madre nutricia» y a su criatura

de una gran profundidad y una extrema ternura: el pezón en la boquita del niño, mientras su mano se posa sobre el brazo de la madre. Habría que dedicar a este asunto obras enteras, en las que se reúna, para decirlo con palabras propias de arqueólogos, toda la «iconografía de Isis», es decir, todas las formas en que ha sido representada, figurada, imaginada, tanto por la gente común, como por los sacerdotes. Puede afirmarse que con esa «representación de Isis» y la idea subyacente los egipcios rindieron un gran servicio a la humanidad. Y hay que asombrarse de la incomprensión universal que hace que las jóvenes madres, por otra parte siempre tan dispuestas a «dar de mamar a sus hijos», se nieguen a ser fotografiadas o representadas mediante la pintura en el momento mismo en que «se encuentran amamantándolos», siquiera para usar esas imágenes más tarde como motivo de alegría en las reuniones familiares y para el recuerdo de la progenitura. En cambio, prefieren esas otras imágenes tan carentes de interés, donde se muestran en poses oficiales y con «vestidos de cola». Si alguien tomara la iniciativa y las mujeres aceptaran ser representadas en el acto de amamantar a sus crías se abriría una nueva etapa en la historia. Adelante, pues, madres, adelante...

Esa suerte de «semilla de la fe» se encuentra en forma maravillosa en el desarrollo de toda la civilización egipcia. Es a partir de ahí que todo se encauzó por la vía de la ternura, la delicadeza y la dulzura. Ya no había manera de que surgieran conflictos bélicos o se deslizaran groserías en las costumbres. El espectáculo de lo bello —de aquello que era lo más bello del mundo— terminó por «endulzar las almas fieras» en el momento mismo de su nacimiento.

Cómo surgió el culto a Isis

De esto:

Fig. 34

nació esto otro:

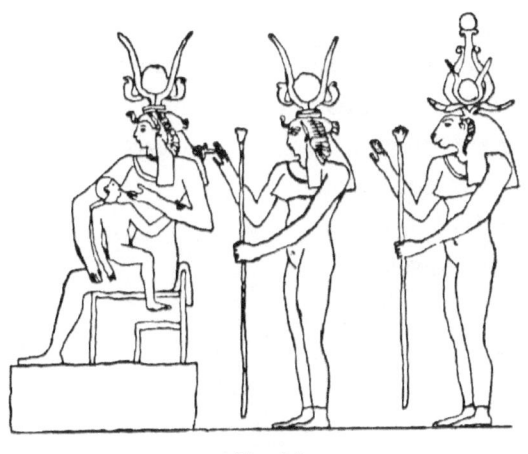

Fig. 35

Fue así de sencillo. Porque el hombre es noble. Y detrás de todo hombre en oración, hay algún otro que eleva también sus plegarias al cielo furtiva, discreta y silenciosamente.

Así fue que aparecieron sobre la tierra los "santos", los "dioses" y las "diosas".

Hombres, multiplicad vuestras oraciones. Multiplicadlas, multiplicadlas. Es gracias a las oraciones que la tierra se calienta. Es gracias a las oraciones que brilla el sol.

Cuando no quede un solo hombre en la tierra en oración, se apagará el sol.

¿Qué propósito tendría que siguiera alumbrando?

La escena, en realidad, representa algo bien distinto. A saber, «la creación». En el extremo izquierdo, veis al primer esposo y a la primera mujer «creados con arcilla roja». A la derecha, «el resto de los hombres». El autor de este dibujo comparte mi idea acerca de la maternidad y la oración. Así, la Madre negra, la tierra húmeda, tiene los brazos elevados hacia lo alto, lo más alto... Sobre las palmas de sus manos sostiene a dos hombrecitos negros, hechos de tierra, que también elevan los brazos al sol:

—¡Caliéntanos!

—¡Ilumínanos!

—¡Danos de comer!

Y el sol se alegra. El sol se alegra siempre que los hombres se reúnen en oración.[3]

[3] Si, de una parte, uno se colocara delante de todas las esculturas griegas y los dibujos que aparecen en jarrones y sarcófagos, y,

Fig. 36

de otra, esta representación egipcia «del sol, la tierra, los hombres y la oración», comprendería de un solo golpe qué faltaba a los griegos. Y también el por qué Grecia «tuvo una vida tan breve». Todo está dicho en este dibujo: el contenido infinito de los egipcios contra el escaso contenido de los griegos. Los últimos podían siempre exclamar un «¡Ah!» al pronunciar los nombres de Afrodita, Heracles o Niobe. No llegaban mucho más allá de ese «¡Ah!». Tras pronunciarlo, los griegos no podían hacer otra cosa que callarse. Carecían de contenido. Cuando hablamos del arte y los retratos griegos no hacemos más que abusar de la retórica, sin reparar en qué es lo que tenemos verdaderamente ante los ojos. Sus retratos son monótonos, sosos, incapaces de «hablarnos», carentes de pensamiento y de

La belleza de Afrodita

Nada hay en el arte que no haya existido antes en la vida. El arte siempre es verdadero. Lo es incluso cuando miente. Debemos a Grecia el nacimiento del arte basado en «falsas imágenes», sobre todo en lo que respecta a la representación de la mujer. Me refiero a la célebre «belleza de Afrodita», que colma nuestros museos.

---

contenido. Por el contrario, cuando miramos «esta oración, esta tierra y este sol», nos llega un incesante rumor que sube desde las profundidades de la tierra, sentimos hablar al pueblo y a los pueblos, escuchamos sus gemidos, sus aflicciones y el movimiento que produce su vida cotidiana. Y esto no es más que un mero «boceto», pero uno de tal entidad, que parece «salido de la vida» y estar «imbuido de ella». Por eso es que el «trazo monótono y los colores que lo adornan», sin sombra ni perspectiva, hace que se nos encoja el corazón y exhalemos un suspiro. «La tierra, desde sus entrañas mismas, eleva a los hombres hacia el sol». Oh, qué infinito pensamiento, surgido antes de Campanella, antes de Rousseau... En verdad, los egipcios eran cristianos, antes de que surgiera el cristianismo. Hay algo en ellos que...

Vuelvo a preguntarme cómo es que los griegos fueron incapaces de dibujar algo así. Ellos que fueron tan «imaginativos», tan «universales». Tenían una Demetria, ¿no? Ya sabéis de qué hablo: del «ovalado rostro de mujer» simbolizando «la curva visible del horizonte terrestre», de aquella que era «conducida en una carroza tirada por dragones, mientras dejaba caer los granos de trigo» y, ya por último, la «de la hermosa cabeza (sí que eran «monas» todas ellas), adornada con espigas de trigo». ¿Trigo? ¿Siembra? Acaso alguien se atreve a negar cuánta pobreza encierra toda esa imaginería griega. En cambio, esta otra tierra negra suspira y estos brazos, negros también, se elevan al cielo en oración y murmuran: «¡Orad, orad, orad!» ¡Qué cosa tan extraordinaria, tan completa, tan sublime!

En el fondo, Grecia fue una peculiar civilización desprovista de la idea de familia. Y ello desde los tiempos de la guerra de Troya, desatada por una mujer que abandonó el domicilio conyugal. En el fondo de los grandes poemas griegos no encontramos nada que sea de veras «fundamental», nada «sobre lo que repose el mundo». Los grandes poemas de Homero hablan de una mujer, cuya «alma» desconocemos. En Grecia la familia estaba relegada al «último patio», mientras que las hetairas se paseaban por las calles. Un estado de cosas —la trama misma de la civilización— que no podía ser modificado mediante el solo hecho de «esculpir la vida» en mármol, bronce u oro. La «falsedad de la vida» se tradujo, pues, en «falsedad del arte».

El arte griego es un arte para «ser contemplado», no un arte para «convivir con él». Es de todo punto imposible, por ejemplo, imaginar que uno pueda «pasar una larga velada» en compañía de Afrodita sosteniendo «una charla entrañable» con ella. Ya la mera yuxtaposición de las palabras «Afrodita» y «charla» nos mueve a esbozar una sonrisa. Es evidente que Afrodita está creada «para ser expuesta», no «para tenerla en casa». Y eso lo explica todo.

«No la amo». Y en eso se agota una mujer. Es terrible decirlo, pero debe ser dicho con claridad: las «Afroditas» no son mujeres. Es algo curioso y terrible, pero es así.

«No me provoca deseo».

Me ha sido odiosa siempre. Como el mármol, eternamente gélido.

—No me gusta.

—¿Y qué es lo que gusta?

—Una biografía, un destino. «Salidas de la espuma de las olas» pareciera que las Afroditas se han congelado. No son «ni carne ni pescado». No tienen voz. Dios mío, ¡qué horror!: una mujer sin lengua, sin voz. Pero todos sentimos en secreto, que las Afroditas carecen de «voz». Los estetas de ayer y de hoy las miran por delante, las miran por detrás, hasta por los costados se detienen a mirarlas, para, finalmente, «deslizar el dedo» por su brazo, su pierna, como yo mismo recuerdo haber hecho una vez en Florencia cuando tomé entre tres de mis dedos el meñique de la Afrodita Medicea. Sí..., ha sido «maravillosamente esculpido» ese frío trozo de piedra. «Esculpida», sí, pero carece de vida. Y muy poca cosa es eso para un hombre. Incluso para uno nacido en San Petersburgo.

¿Qué es lo que hace, entonces, que los estetas las escruten «de esa manera»? Pues, lo hacen por una razón bien triste y terrible: esas «diosas» les muestran las caderas por aquí, el cuello por allá y, sobre todo, una cierta «inclinación de la cabeza»...

¿Una «inclinación de la cabeza»?... Sí que es terrible eso. Si alguien me preguntara: «Oiga, ¿qué tipo de inclinación de cabeza es propio de su mujer?» yo no comprendería qué es lo que me trata de decir. Mas, si alguien me hiciera la misma pregunta con respecto a mi hermana, una joven casta y pura, le pegaría un puñetazo en pleno rostro y le diría: «Mi hermana no es un caballo, sino una persona. Ahora pregúnteme cualquier otra cosa. O mejor: no me haga pregunta alguna, que vista la que acaba de hacer ya veo que es usted un imbécil».

La «belleza griega» es una «belleza estúpida», atontada. Se trata de un asunto curioso y terrible al mismo tiempo. Lo es, decididamente, porque da respuestas a preguntas estúpidas planteadas por estetas y sabios, pero no ofrece ninguna a los hombres reunidos en oración, hombres conscientes del sentido de su vida y de sus raíces. Es una «belleza desarraigada». ¿Y cuál es la razón de todo ello? Pues, que en ella falta la fisiología. Ya sé que todos se dispondrán a apedrearme llegados a este punto, pero yo me limitaré a sostener fríamente que os guste o no, *lo más hermoso* que existe es lo que ha sido gestado. Una mujer, un caballo, un perro. Todo lo que está *vivo*, *auténtica* y maravillosamente vivo, en forma inefable y divina. Las «Afroditas no son ni remotamente diosas», porque están hechas de mármol.

El pincel y el mármol habrían sido capaces, sin embargo, de representar con propiedad a las Afroditas y transmitirnos su belleza («hasta arrancarnos una lagrimita»). Pero a los griegos tal cosa no les pasó por la mente. Me diréis: «Eso es romanticismo del bueno». Pero no lo es, no. Es posible transmitir la realidad sin hacer ostentación del sufrimiento, sin «pasión». Hacerlo de tal manera que quien observe la pieza no se «entretenga en mirarla por tal lado o tal otro», sino que simplemente tome asiento ante ella y comparta sus sollozos con la estatua. Que los griegos fueran incapaces de comprender eso es testimonio de sus profundas limitaciones espirituales. ¿En qué, exactamente, consistían esas limitaciones? No sabría expresarlo. Me limito a responder lo siguiente: «No fue por gusto que vino Jesucristo».

Si por alguien vino Jesús fue por los griegos: «Hijos míos, ¿cómo habéis podido tener tan poca intuición? ¿Cómo habéis podido ignorar tantas cosas maravillosas y tan llenas de significado?».

Los griegos despojaron a las esculturas de todo elemento biográfico. ¡Las privaron de lo más interesante, lo más hermoso! Todos sus mármoles están vacíos. Verdaderamente vacíos. De una «diosa» que se deja mirar «por el lado derecho y el izquierdo» puede decirse que no es, en absoluto, «una diosa». También se puede decir que está «por debajo de un ser humano». Qué hombre no se sentiría insultado si se lo examinara «por la izquierda y la derecha». He ahí un buen índice revelador.

Cuando analizamos la «belleza griega» en profundidad, descubrimos que se trata de una «belleza insultante». Tenía, indudablemente, que venir el Cristo, a quien esperaba, entre otras tareas, revolucionar la estética. Que no se enfaden los teólogos. Ya sé que había miles de razones adicionales, pero también lo requería esta, que es, quizás, la menor y la última: completar la belleza universal.

Así fue que Él, el «Único hijo», el «Encarnado», completó el vacío propio de la belleza griega, que nada tenía, decididamente, de «encarnada».

Así fue que Él llenó de algo vivo aquella belleza tenida por pecaminosa y criminal, «porque no había sido engendrada». Él la llenó de ardor y de llamas. Porque —y en esto concordarán conmigo hasta los estetas—, en los mármoles griegos nada había de ardiente o inflamado.

Con ánimo de oponer la mujer egipcia a las griegas, había querido intitular este capítulo «Las Afroditas griegas y la trabajadora egipwcia». En efecto, las egipcias parecen haber prescindido intencionalmente de todo ornamento, incluyendo esos tocados con que se las ve en prácticamente todas las imágenes. Y aunque sus «garras de leona» nos inducen a pensar que estamos ante una «diosa», queremos insistir en que los egipcios no representaban a la mujer como «saliendo de la espuma de las olas», sino, más bien, como a una trabajadora. Una mujer sencilla, recta, valerosa y madre de muchos hijos (lo que testimonian sus senos). El lector verá más adelante cómo de esa belleza «fisiológica», «demasiado fisiológica», «desbordante», brota la belleza deslumbrante y punzante de los rostros egipcios, que parecen «hablar» y nos permiten reconocer los distintos timbres de la «contralto» o la «soprano». Entre los hombres y las mujeres de Egipto, esa cualidad se transmite mediante una sencilla línea recta. «Pobres mármoles», «impotentes mármoles». Pero lo que «ha sido generado auténticamente», será bello por fuerza. Y entre los egipcios, como evidencia la maravillosa fig. 38, todo fue fruto de una abundante generación. ¡Oh, cuán abundante!

Pobres griegos. Uno quisiera dedicarles una palabra cristiana, a pesar de todo. Fueron incapaces de lanzarse con bríos a la búsqueda de la belleza, así que nada pudieron encontrar. Su «demonio» los empujó siempre en pos de «la forma». Entretanto, desoyeron al ángel que les susurraba, desolado: «¿Y qué hay del contenido?».

Es indiscutible —lo continúa siendo todavía ahora mismo— que su ideal de «belleza» enterró no solo «la bella, eterna y noble imagen de la mujer» (genuinamente noble), sino que, por muchas otras razones y por el lugar preeminente que daban los griegos al arte, hundió a la civilización griega en su conjunto. Uno se pregunta después de haber visto cien afroditas —incluyendo la última recién descubierta—, ¿para qué diablos sirve todo eso? Y es esa una pregunta terrible que fue capaz de costarle a Grecia su último suspiro. «¿Qué más podemos hacer?», se preguntaba toda Grecia. Por alguna misteriosa razón, Afrodita y el «culto de Afrodita» no contienen ningún «más» que pudiera dar respuesta y aliento a esa pregunta, y en ello radica la esencia de Grecia, su noúmeno. Así que los griegos, y los romanos tras ellos, se vieron obligados a volverse hacia el Oriente.

«¡Nos morimos! ¡Nos ahogamos! Todas las afroditas se parecen entre sí. Bueno, tal vez alguna supere a las demás»... «¡¡La hemos examinado por delante, por detrás, por los costados y ahora ya ni sabemos por dónde comenzar!!»...

«¡Aire! ¡Aire!».

Y entonces abrieron la puerta que daba al Oriente.

«Un poco de fisiología, que si no esto se torna muy árido»...

Tuvieron que pasar siglos para que se pudiera alcanzar un grado tan alto de sobresaturación natural debida a un débil «trazo de pluma». Estamos ante dos figuras, dos bustos humanos que parecen «trazados al vuelo, apenas con una serie de puntos» y, en efecto, están inconclusos, son dibujos voluntariamente inacabados. La cabeza, por ejemplo, ha sido dibujada con una línea apenas, ¡lo que no deja de ser harto extraño! Ni siquiera seríamos capaces de asegurar que se trata de una cabeza, si no fuera por «dos brazos, inequívocamente humanos» plegados en los codos, representando tallos de plantas. En lugar de las «manos», flores. En uno de los casos tenemos una suerte de «pequeño cáliz abierto»; en el otro, una «campánula». No estaban agotados los egipcios, así que con cada «trazo de la pluma» alumbraban algo nuevo (se trata de un método general, una herramienta para evitar los «estereotipos»). Las dos figuras están unidas o separadas por el botón de una flor. Todo el método de los egipcios está contenido en este dibujo. Donde ello sea posible, allí donde «luzca bien», ser siempre *dos*, estar siempre ligados por la *amistad*. Un poco más allá, hacia el final del dibujo, se produce, finalmente, el milagro: cual si salieran de la tierra, sí, es evidente..., saliendo de la tierra, se elevan unos brazos al cielo, como

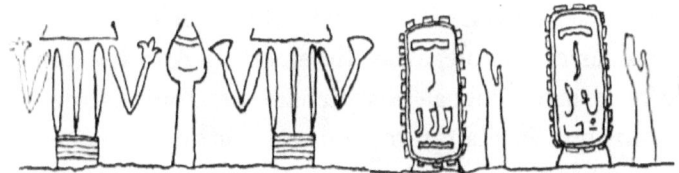

Fig. 37. Ejemplo de pintura fisiológico-religiosa. Tomado del segundo tomo, p. 129, del *Catalogue des monuments et d'inscriptions de l'Egypte antique. Éd. sous les auspices d'Abbas II, Khédive, par la Direction générale du service des antiquités*, Vienne, 1895.

si fuera un gesto y no una voz quien profiriera el «Señor, te invoco». Un gesto tan diáfano y comprensible que tres mil años después es perfectamente claro para nosotros. ¡Me gustaría que algún historiador viniera ahora a explicarnos por qué ningún romano, cualquier lector de Plinio, de Tácito y de Juvenal, tuvo jamás la idea de dibujar eso sobre las paredes de su casa, en Pompeya o en un templo, de manera que pudiera respirar «en dos metros cuadrados y medio» el hálito de algo único, algo bello y religioso: el hombre, la botánica y la teología! Y cómo no añadir en un susurro al «Loamos a Dios» de los egipcios, nuestro «Load a Dios por los siglos de los siglos, vosotros Sus siervos».

Mas, ¿quién no es capaz de sentir en el fondo de su alma que los egipcios que dibujaron de esa manera a la mujer de la fig. 31 no terminarían un día por dibujar también lo que acabamos de ver? La «fisiología desbordante» de esa mujer desprende un perfume de flor y de oración. Es una mujer «laboriosa» y «vestida con sencillez». Su rostro, de hecho, «no es gran cosa». Pero, quien ama el trabajo, amará también la oración. Existe también un lazo que une «la representación de Afrodita» con la *ausencia* de tales dibujos entre los griegos. «Eres tan hermosa y tan feliz que no se te ocurrirá elevar una plegaria». En efecto, ¡a Afrodita jamás le vendría a la cabeza postrarse en oración! ¡Eso explica por qué es ella tan mortal y el por qué los egipcios han sobrevivido durante tanto tiempo!

A los pies del marido

¡Arriba, Afroditas, avergonzaos de vuestra ociosidad!

Ociosas hoy, mañana ociosas, y ayer lo mismo. ¿No tenéis ya bastante?

Mirad a la mujer egipcia. Se le podrían aplicar las palabras de la Biblia: «Soy la sierva del Señor»... «*He aquí tu sierva*».

Fig. 38

Como le dijo Ruth a Noemí: «tu ley será mi ley, y tu fe será mi fe». Y eso lo dijo *en memoria de su esposo* ya difunto.

Porque así creó Dios a la mujer. La creó para el amor y la fidelidad, para el amor y la memoria del amor.

«He dado a luz hijos tuyos: ¿acaso puedo dudar que soy tuya para la eternidad, incluso más allá de la tumba?».

Y vean: lo ha tomado de la pierna. No, digamos mejor que se sujeta de su pierna. Nos vienen lágrimas a los ojos: esto es aún más extraordinario que la historia de Damayanti. Tan solo nuestra Jaroslavna llora de esa manera, «en Putívol». «Volaré más allá del Dniepr como un cuco; mojaré en el río la piel de castor de mi manga». Pero dejemos a un lado los paralelos. Siempre terminan por ocultar el verdadero objeto, aquello que hay de específico y único.

Mirad cómo se ha sentado a la altura de sus rodillas. Cuán modesta es ella. Un investigador obtuso ha anotado al pie de la figura: «*Un grand seigneur égyptien, Ti, et sa femme*», sin reparar en que él es cojo.

Entre los egipcios, no existía el matrimonio tal como lo concebimos nosotros. En Egipto reinaba el «amor libre» y, según dicen los sabios, «las hijas de los personajes más renombrados se entregaban libremente a la prostitución», es decir, que se entregaban «por amor» a quién deseaban y en la forma que les apetecía (cosa en la que los sabios no han reparado).

Pero, nuestro hombre es cojo: ¿cómo entregarse a otro después de haberlo hecho a él? Y mesándose sus finas trenzas, la egipcia se sienta a sus pies y le dice: «Como no dejarás nunca de cojear, seré tuya eternamente». Y prestad atención al hecho de que él está tan seguro que ella no lo abandonará que no le presta atención alguna. En su rostro rudo y robusto, que las mujeres estiman particularmente bello (un rostro *fuerte)*, se aprecia su absoluta despreocupación por su destino futuro. Está sereno. Tiene la certeza de que ella «no se marchará».

Los egiptólogos europeos dedican su tiempo a la búsqueda de leyendas, relatos, cuentos. Buscan «aunque sea el inicio de las bellas letras», «siquiera un mínimo indicio». Sin embargo, ¿para qué iban los egipcios a escribir dos veces aquello que ya habían expresado magníficamente y a perpetuidad en sus dibujos de una sola línea? Si es que habiendo visto y, sobre todo, *habiendo copiado con mi propia mano* ese dibujo, yo sé más sobre el egipcio y la egipcia que en él aparecen que leyendo el más sesudo de los volúmenes eruditos. Y lo he aprendido *musicalmente*, cosa que no me hubiera regalado en ningún caso el volumen de marras. La esencia y la particularidad de los dibujos egipcios radica en su musicalidad: con un mero «trazo» son capaces de contarnos toda una historia. Y ello prescindiendo de los detalles, que son verdaderamente *fortuitos* en toda biografía. Pues de esa pareja egipcia, desconozco, en definitiva, a quiénes visitaban, si permanecían o no hasta última hora en casa de sus anfitriones o cuál era el tema de sus charlas. Eso es lo que llena, habitualmente, las páginas de la literatura. Pero, ¿qué necesidad tengo yo de ese conocimiento? El dibujo me permite ver que eran gente de paz: enérgico él; dulce y discreta ella. Sin dudas, él era hombre severo, justo y respetado por sus vecinos, gozaba de la confianza de su «clan», de sus padres, que se apoyaban en él, «en el cojo».

Y a todo el mundo le complacía tal estado de cosas. «Ahí tenéis la literatura». ¿Qué más queréis? ¿Qué buscáis? «Si hubierais escuchado la música, lo habríais comprendido todo».

El secreto y el milagro, la profundidad y el encanto de la civilización egipcia consiste en que, en ella, «el árbol joven creció como lo deben hacer los árboles jóvenes». Creció siempre conforme a su naturaleza. Entre ciertos pueblos, los árboles «crecen como les es debido»; entre otros, «como se los obliga a crecer». O incluso «como se espera que crezcan». Los egipcios nada «esperaban», ni «exigían», ni «forzaban», porque ellos fueron los primeros. Por eso «el árbol creció, tal como debía crecer». Todo lo que encontramos entre los egipcios es «auténtico», «surgido de su propia savia». No se trata de que no conocieran el matrimonio. Lo que sucede es que entre ellos el matrimonio no tenía lugar «a la manera romana», o «a la manera judía», según la ley de Moisés o, por último, «según el modelo de Porcia y Catón». El «cómo lo hacemos» no constituía un problema para ellos. Simplemente «había que procrear». La «esencia del matrimonio» se reducía a una simple expresión: «hay que procrear». Elaboraron, pues, dos líneas de conducta, cuyo testimonio ha quedado grabado con toda claridad en la historia. Ante la pregunta por el «de quién tengo los hijos», ellos se respondieron: «de mi hermano, que es a quien tengo en la cercanía más inmediata». Por tanto, un instinto atávico les hizo decir: «tanto deseo tener nietos de mi hija, que no será a ella a quien deje mis bienes, sino al fruto de su vientre». Esas dos exclamaciones proferidas por la «madre naturaleza» constituyen las dos «partes seminales» del matrimonio egipcio: el matrimonio entre hermana y hermano, casi siempre admitido entre «*les grands seigneurs égyptiens*» y el «derecho de sucesión uterina». «No heredan ni el hijo ni la hija, sino el hijo de la hija».

Al erudito que miró ese dibujo, sin dudas autor del texto que consta al pie, seguramente se le ocurrió la idea —triste idea europea, tan propia de nosotros— de que el dibujante alude a la «esclavitud de la mujer» y a su «situación de esclava en la familia egipcia». Sin esa prevención, difícilmente hubiera anotado lo de «*grand seigneur*», dejando entender tácitamente que «si no fuera por la esclavitud, él la hubiera echado de casa», mientras que «ella permanece esclava, a la espera de la herencia de un marido cojo y bien situado en la jerarquía del país». En realidad, ella es su hermana y, por tanto, le resulta indiferente la cuantía de sus bienes y su condición social. Nada necesita de él. Sencillamente lo ama. ¿Por qué «lo ama»? ¿Por qué ama a «un cojo»? Precisamente lo ama por su cojera y, en general, porque él, en tanto marido, le ha «aplacado» los sentidos. En la Biblia nos encontramos constantemente con que cada vez que un marido «conoce» a su mujer «la aplaca». ¿Por qué? ¿Cómo? Bueno, eso sí que lo sabemos hoy en día: el marido sujeta a la mujer con «lazos» que la envuelven y la atan interiormente, de tal manera que ella misma no desea «escapar de ellos». «Mis pies se hunden dulcemente en una suave miel. Quiero avanzar, pero parece que no pudiera. Y lo que deseo es permanecer en casa y asir a mi marido por la pierna».

He ahí aquello de lo que nos habla ese dibujo egipcio. De la servidumbre del amor y en ningún caso de servidumbres signadas por las leyes o la economía.

Las últimas aún no se habían asomado a la historia, mientras que la esencia del amor sí que se expresaba en todo su esplendor. Y ¡de qué manera! No mediante el orgullo de la dominación, sino con una fe infinita en la belleza del amor. Él, en efecto, apenas «repara en ella», se marcha a resolver sus asuntos «apoyado en su bastón». Ella, por su parte, no lo retiene, simplemente posa la palma de su mano en la pierna del marido. No lo sujeta. Tan solo le dice: «Llévame en tu memoria, querido, y esta noche serás mío». «Te despojaré de las sandalias, te limpiaré el polvo. Te calmaré. Seré para ti mejor que Sulamita».

Los hijos egipcios

De los hijos egipcios nada diremos. Aquí los tenéis:

Fig. 39. Escena que aparece en la tumba del egipcio Ti.

Los cachetes y los labios de ambos son especialmente hermosos. Uno quisiera besarlos de inmediato.

¡Son tan monos! En el dibujo se aprecia con claridad que la expresión, tierna y tonta a la vez, de sus rostros es deliberada. Ello es especialmente notable en la cría (se aprecia claramente que se trata de una burra y su cría).

Véase este otro dibujo:

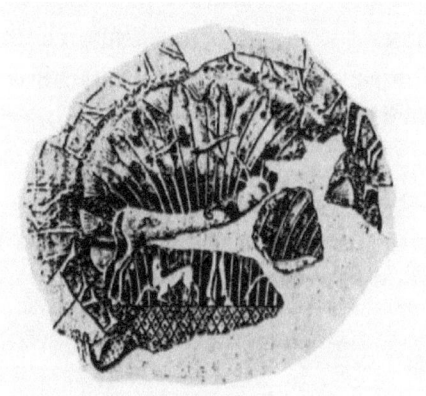

Fig. 40

El lector se preguntará: pero, ¿cómo? ¿qué es eso? ¿cuál es el motivo?

Ya Heródoto dice (II, 36), narrando hechos de los que había sido testigo presencial, que «los egipcios viven junto a los animales», es decir, en un mismo patio, bajo un mismo techo.[4] Allí la gente dormía en

---

[4] El relato de Heródoto es siempre de una simpleza maravillosa. He aquí un pasaje en el que anota otras consideraciones suyas sobre los egipcios: «En los otros países los sacerdotes de los dioses se dejan crecer el cabello; en Egipto se rapan. Entre los demás pueblos es costumbre, en caso de duelo, cortarse el cabello los más allegados al difunto; los egipcios, cuando hay una muerte se dejan crecer el cabello en cabeza y barba, mientras

«afectuosa promiscuidad» con las bestias: las perso- nas viejas con las bestias más viejas, las jóvenes con las más jóvenes; unos con los animales más pesados, otros con los más ligeros. Instalados en «esa estrecha compañía» estaban todos bien calentitos y no distin- guían entre los «chicos» o «chicas» nacidos de ellos y los que habían parido vacas, ovejas o cerdas. Y reparen en que cada vez que los egipcios dibujan a una «madre con sus hijos» o a un «padre con sus hijos» invaria- blemente incluirán a un burro «con su burrito», a un cerdo «con su piara de crías». De la misma manera que no se concebían a sí mismos «privados de la familia», no podían imaginar a los animales sin su progenie. ¿Cómo no iban a vivir «bien calentitos»?

Fig. 41

Los egipcios se identificaron con la realidad sin que les fuera necesario escribir una *De rerum essentia*. Les bastó dibujar por todas partes que la *essentia* del mundo es una, que el «fundamento de la existencia» no es múltiple, sino único, como lo veremos más tarde en numerosas ilustraciones. En ello radica la universa- lidad de Egipto. No se trata de una universalidad mar- cada por «una sola idea que atraviesa el mundo», sino

hasta entonces se rapaban. Los demás hombres viven separa- dos de los animales, los egipcios viven junto con ellos».

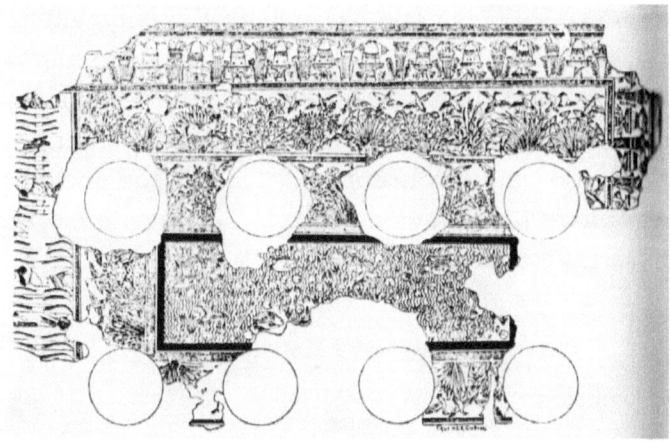

Fig. 42. Revestimiento de una de las salas del palacio de Amenofis IV, El-Amarna.*

* Aquí están representados todos los «días de la creación», la creación «de los grandes peces marinos», de los «animales» que andan sobre la tierra, y de «las aves que vuelan» sobre ella. Mas, prestad atención al hecho de que todos parecen «querer salir de sí mismos», tal es el exceso de vida, de fuerza, de energía. Uno no puede dejar de establecer una asociación con aquel niño--gigante del cuento, que habiendo sido encerrado en un barril, «se comenzó a estirar, apoyando la cabeza sobre el fondo, hasta que lo hizo saltar en pedazos, y consiguió salir de él». En este dibujo (como en todo lo que concierne a Egipto), nos topamos con la naturaleza en el estadio inicial y primordial de su existencia, en los «albores de la fase creadora», y esta sensación constituye el verdadero milagro de Egipto, su secreto y su enigma. ¿De dónde proviene todo esto? ¿Cuál es su razón de ser? Ciegos de nacimiento, ¿acaso no sois capaces de verlo? En lo alto, por encima del aire que atraviesan las aves en su vuelo, en algo que parece una suerte de «techo que corona el mundo», se aprecia una serie de imágenes idénticas a aquellas que tenían en lo más alto de su santuario los fenicios de Byblos. Un fetiche masculino, fetiche «dador de vida» y «receptor de vida». Resulta que, tal como yo suponía, en Byblos, «el santuario estaba rodeado

de un único pulso que hace vibrar el mundo entero. Desde las estrellas hasta la última brizna de hierba. Por lo pronto, aquí tenéis un dibujo, que permite percibir de una sola ojeada cómo los egipcios «abarcaron el mundo» en un solo abrazo, se lo echaron encima y exclamaron: «Qué gusto cargar el mundo entero sobre nuestras espaldas».

---

de arbustos y flores», como lo veis aquí: el fetiche está decorado con flores, ramas y plantas, ¡¡¡decorado en exceso!!! No estamos aquí ante «un dibujo cualquiera», sino ante un hecho rotundo; no ante un no sé qué amaneramiento del artista, sino ante una realidad que no podía ser mostrada de otra manera, porque ella es la verdad de Egipto, la esencia misma de Egipto, su profesión de fe. No cabe duda alguna de que el origen de esta aérea vivacidad, de toda esta naturaleza alada, se encuentra en los «misterios» egipcios, esos misterios en cuyo trasunto los egipcios «se unían en matrimonio» con las fuentes de la existencia, estableciendo nexos extraordinarios, íntimos y entrañables con ellas. Al «salir al mundo», tenían por fuerza que mirarlo con ojos de «recién casados»... Una mirada esa que es bien diferente de la que ensayan los que ya llevan largo tiempo en matrimonio o los célibes. Los egipcios vivían en un perpetuo estado de «recién casados»: no era la naturaleza quien los «sacaba de la órbita de su ser», sino que sus propios ojos, dueños de una mirada constantemente renovada, veían a la naturaleza inmersa en una «eterna luna de miel». Sus dibujos, en efecto, destilan miel. ¡¡¡Miradlos, observadlos, todo está en ellos!!!

La primera canción de cuna del mundo

Fig. 43

Te daré para el camino
Una imagen santa;
Tenla siempre delante de ti
Cuando eleves tus plegarias al Señor,
Y, antes de marchar al combate
Recuerda a tu madre...

En esa canción de cuna se encuentra el embrión de todas las pinturas de Rafael... de todas sus imágenes, visiones y sentimientos. Y no hay ningún otro precedente, además de este pequeño dibujo incluido en el que los egipcios llamaban *Libro de los muertos*, es decir, el libro de aquellos que «reviven allá arriba, en el cielo» y que ponían en las manos de sus difuntos, tras haberlo trazado sobre el papiro.

Y nadie, absolutamente nadie, hasta el día de hoy, ni siquiera entre los asiduos de los cabarets parisinos, es capaz de apartarse a la derecha o la izquierda, o dar un paso atrás, cuando se enfrenta con la imagen representada en este dibujo egipcio.

Nadie puede tampoco hacerse a un lado ante la expresión del sentimiento maternal, el tono y la melodía de la nana.

Y es una suerte que eso les haya salido con tal *facilidad* a los egipcios. De esa «vaca acompañada de su ternero» podía y debía, tres mil años después, surgir un Rafael, pero sus solos pinceles y su sola palestra jamás hubieran producido un dibujo semejante. Ello, porque Rafael no tenía más que pinceles, mientras los egipcios fueron capaces de plasmar su corazón y su sabiduría en ese trozo de papiro.

El Cantar de los Cantares

El Cantar de los Cantares. En realidad, hay dos. Uno es el que cantan los judíos el día de *shabbat*. El otro es el que canta Dios una vez en la vida de cada israelita: el día en que es circuncidado. Y los padres lo escuchan y los colma el gozo. Y, alrededor de los padres, los invitados lo escuchan y se ponen a dar saltos. Nunca hablan de ello a los forasteros.

La circuncisión entre los egipcios

Heródoto habla de los egipcios con conocimiento de causa. Veamos lo que dice a propósito de la circuncisión:
«Los egipcios amasan la pasta con los pies, el lodo con las manos y recogen el estiércol.[5] Los demás hom-

---

[5] Creo que se trata de un gesto ritual, religioso. En primer lugar, porque a lo largo de toda la historia de Egipto las vacas fueron

bres (excepto los que lo han aprendido de los egipcios) dejan su miembro viril tal como nació, pero ellos se circuncidan» (II, 36).

Uno de nuestros sabios más eminentes, Nikolái Petróvich Lijachov, antiguo director adjunto de la Biblioteca Pública Imperial y autor de monumentales obras sobre la historia profana y religiosa de Rusia (*Iconografía de la Virgen María*), demuestra ser un investigador no menos atento cuando aborda la historia universal y, en especial, la época en que toda esta tiene su origen erigido sobre los pilares de Egipto, Caldea y Siria, allá en los predios de Abraham y Sesostris. Fue precisamente él quien me permitió familiarizarme con las imágenes que representan la circuncisión entre los egipcios. Mi primer artículo sobre Egipto, «Se despierta el interés por Egipto», acababa de aparecer publicado y en las pocas líneas que dediqué a «la fecundidad del mundo» y «la búsqueda del Padre celeste emprendida por los egipcios» —mal comprendidas por la mayoría de los lectores—, Nikolái Petróvich Lijachov consiguió, sin embargo, con enorme perspicacia, captar el sentido de mis interpretaciones. Unas tesis que los egiptólogos no solamente se niegan a aceptar, sino que además las rechazan, tergiversan y silencian por todos los medios a su alcance. Más adelante, en el curso de largas charlas y confrontaciones «mano a mano», se puso totalmente de mi lado.

---

consideradas sagradas, o «santas» que diríamos nosotros. Y en segundo lugar, porque el escarabajo, «insecto sagrado», a pesar de ser un «banal estercolero», no era menos reverenciado que la vaca.

Coincidimos en que todos los sabios, a despecho de los millares de testimonios legados a la posteridad, en contra de «todo el genuino espectáculo que es Egipto» visto a través de las descripciones de sus monumentos debidas a las expediciones de Bonaparte, Lepsius (por cuenta del gobierno prusiano) y Rossellini (por cuenta del gobierno italiano), han ocultado siempre el hecho de que Egipto y, en parte también todo el Oriente, han vivido durante cuatro mil años entregados a un tema genialmente elaborado, único en su género, universal, necesario e insoslayable a la vez que gozoso y admirable. Un tema, una idea, que insufla fuego al universo: la idea de la Paternidad (...).

ÍNDICE

Últimos títulos publicados por Casa Vacía

REINALDO ARENAS
Libro de Arenas
(miscelánea)

ROBERTO MÉNDEZ MARTÍNEZ
Música nocturna para un hereje
(novela)

MICHAEL H. MIRANDA
Venecia inactual
(diario de viaje)

ROGER SANTIVÁÑEZ (comp.)
Poesía: relámpago maravilloso
(poesía)

JORGE YGLESIAS
Pequeña Siberia
(poesía)

DANIEL CÉSPEDES GÓNGORA (comp.)
Pasolini: las jerarquías de la inspiración
(ensayo)

LIZABEL MÓNICA
Hay palabras vulva
(poesía)

HUGO FABEL
Matar al Buda
(poesía)